大
觀

national interest

ZHENGYANKANSHIJIE
LISHI GUOJIA YU WENMINGXINLUN

China and the World:
New Perspectives on History,
State and Civilization

正眼看世界

历史、国家与文明新论

李永晶 著

GUANGXI NORMAL UNIVERSITY PRESS
广西师范大学出版社
·桂林·

图书在版编目（CIP）数据

正眼看世界：历史、国家与文明新论／李永晶著．
桂林：广西师范大学出版社，2015.5
ISBN 978-7-5495-6540-5

Ⅰ．①正…　Ⅱ．①李…　Ⅲ．①世界史－文化史－
文集　Ⅳ．①K103-53

中国版本图书馆 CIP 数据核字（2015）第 075567 号

广西师范大学出版社出版发行
（广西桂林市中华路 22 号　邮政编码：541001
网址：http://www.bbtpress.com）
出版人：何林夏
全国新华书店经销
广西大华印刷有限公司印刷
（广西南宁市高新区科园大道 62 号　邮政编码：530007）
开本：880 mm × 1 240 mm　1/32
印张：8.375　　　　字数：150 千字
2015 年 5 月第 1 版　　　2015 年 5 月第 1 次印刷
定价：32. 00 元

总　序

周边世界看中国，中国看周边世界，自古如此。

古典时期，中国看周边世界，五服之分，华夷之辨，皆非建立在常识基础上；周边看中国，倒是更实用主义，因需调整视角。这差别，原因无二，盖中国不真在乎别人怎么看自己，中国文化是强势文化。

近代以来，东西碰撞，强势的中国文化遭遇更强势的西方文明，前者仍沿袭看周边世界的姿态，一败再败，不明就里，自此陷入混乱，自知与他知失去方向感。

中国人从无认识他人的训练，历史长河中，他人永远是被定义的对象，而非自我认知的坐标，所以，中国人也并不真的知道自己是谁。中国是天下的中心，中国人是天下的主宰。天下的根本逻辑，是神州文化四处布化，是各化外之地的归化。这里没有历史，历史早在布化与归化陈陈相因的循环中终结。

中国人也做过认识周边世界的尝试，比如魏源，比如梁启超，比如顾维钧。所有努力，或不被重视，化作国朝上下共识，或被一次次激烈革命打断，半途而废。中国人始终建立不起对周边世界的常识性认识结构，最终也不能完成自我定位，因此付出的代价，庶几无可计算矣。

然世界离不开中国，中国又岂能离开世界。认识他者，同构于自我认知过程,建立周边世界的常识性认识结构,也是完成自我定义无可取代的前提。只有在完成此项工作的基础上,中国人才能重新构建基于我们自己视角的全球格局体系,从而探索我们的利益所在,为世界规模的和平治理扮演好自己的角色。本丛刊试图为此作出努力。

这努力也是一班有志者的自我教育过程。当代知识人长期昧于小圈子利益,坐井观天,画地为牢,长于“主义”之争,短于建设性批判,局限了他们的视野,混乱了他们的立场。而一个民族的命脉,很大程度系于知识人的全部积累、创造性工作。建立周边世界的常识性认识结构,进而构建全球格局体系,都缺少不了知识人的精密且具宏观视野的基础工作。此一过程艰难而艰深,在开启学习先进国家理念和方法同时,更重要的,是开展自我教育,以使我们全部身心投入到这一工作中来,在其间获得灵感,取得进步。

目　录

导言

关于时代的诊断：新世界主义的视角

这是一部关于我们的时代认识与世界认识的诊断文集。由于当下的中国正以巨大的规模卷入世界事务中，我们对这个世界的看法正在深刻影响着人类文明的发展进程。作为健康诊断，我们有必要找出我们对于自我与他者、对于世界自身的认识的症候所在，并给出相应的病理分析，最后开出适当的处方。这里所说的“诊断”，是指依据我们身边的出版物进行的具体而微的分析，而这种分析最终将涉及个体、国家、历史、文明，换言之，涉及我们所知的世界的多重面相。下面我将从我们最近的自我认识出发，简略描画一下我们对这个时代的症候的认识。

自上个世纪70年代末中国实行改革开放的新政以来，关于中国发展经验的论述层出不穷。从各种评论家、学者到政府官员，再到意识形态专家，人们热衷于谈论——甚至应该说是礼赞——这个最近三十余年全球变化最大的国家。这些论述可概括为1990年代前期出现的"中国崛起论"以及最近数年出现的"中国模式论"。既然是论述，自然包括意见的分歧与对立。尤其是身处这个发展进程中的人们，他们对现实苦乐甘甜感受的巨大差异往往导致他们意见的激烈对立。

另一方面，从局外的角度来看，中国的巨变景象殊异——这个世界正在因为中国的改变而改变。但问题是，中国正在如何认知这个过程？未来的世界将走向何方？这个世界会好吗？对这些大问题的疑虑，绝非杞人忧天。这个如此巨大规模的国家的变动，正在对生活于全球各地的人们的幸福发生着影响。于是问题进一步转换为：中国，不，我们自己为此——即对世界正在产生巨大影响的事态——做好准备了吗？由此我想起了两部相关的中文译著，即出版于1999年的亨廷顿《文明的冲突与世界秩序的重建》以及出版于2003年的弗朗西斯·福山《历史的终结及其最后的人》。这两本著作中的观点，在相当大的程度上正在左右着中国的世界认识。

但这却是一个不幸的结果。原因不在于二者见识与论述的浅薄——这方面出现了不少的批评之作；原因在于，在中国学界，它们将许多中国学者的思维引向另一种浅薄——他们极力去论证，由于内在于中国传统文化与传统文明的优异特质，诸如"协和万邦""四海一家""人文化成""修文来远""王者不治夷狄"等古典思想，中国的崛起将会导致"文明的和解"，因为这正是中国文化的内在规定，云云。与此相应的主流见解是："中国只能走、必须走，而且应该走和平发展的道路。"往好的方向说，这些论述有助于人们克服"美国中心论"，形成世界的多元主义论；往坏的方向说，这些论述正在诱发一种闭锁的世界认识，我们可称之为“中国中心论”。

上述看法之所以浅薄，原因就在于，在这种主流的认识中，人们对“世界秩序”的理解非常狭隘。世界是什么？秩序又是什么？崛起又是什么？——言者对这些本质重要的概念视而不见，皆心照不宣地将其简化为传统国际关系中的基本概念。比如，“世界”仅仅被视为由“国家”构成的不安稳的集合体，自私自利成为通行其中的原则；与此相应，“秩序”被理解为强权政治下的国家大小、国家实力大小的排列。

这些过于简化与陈旧的看法，至少对于当下的中国而言，有害无益。中国的发展，是具有世界历史意义的事件。对这种事件的认知及其历史意义的自觉，要求我们具有同样格局的眼光；这种眼光就是这篇导言所要说的“世界主义”。具体言之，我们必须将中国的发展置于世界的发展进程中，置于世界史的进程中，才能获得确切把握这个事件的全部意义。兹事体大，这里略微展开。我们就拿“中国只能走、必须走而且应该走和平发展的道路”这句话说事儿。

这句话的背景我们都清楚，它源于上个世纪 90 年代出现的两种论调。随着中国经济的高速发展，人们对于这个事实的评价出现了二分：“中国威胁论”与“中国崩溃论”。中国官学两界对此进行了自我辩护：中国既不是威胁，也不会崩溃，因为我们还在和平发展的过程中。如同人们注意到的一样，由于“崛起”这个字眼儿呈现出锐角式的突然上升景象，具有短暂性、突发性以及潜在的破坏力量，容易与“中国威胁论”产生共振，所以，“发展”再次得到了强调，“和平发展论”成为自我认识的主要表述。中国的发展不是对外的强权扩张，而是全球化的一部分；中国基于“全球大市场的资源的和平获取”来进行自我发展，成为这种论述的最主要证据。

然而，从当下世界、从世界文明发展的最新状况来看，“资源的和平获取”本身并不是无条件的善。这句话之所以被用于自我的正当性辩护，正是因为它包含着我们习以为常的世界认识——在殖民主义与帝国主义时代，历史上的大国均基于对外武力扩张与资源掠夺才获得了发展。这是一种可以得到理解与解释的历史记忆。但问题在于，当殖民主义与帝国主义作为历史的一页早已翻篇时，这种基于回溯历史的正当性辩护——姑且认为这种辩护在知识上已然成立——就显得不合时宜。毕竟，世界社会低水准的道德自律无法为新时代的国家行为立法，更无法参与世界文明发展之大势。事实上，第二次世界大战后，尤其是1990年代冷战结束后，由于“人权”与“环境”观念的全球化，基于市场的资源的“和平获取”不能自证自身。任何一个国家的发展，如果忽视甚至无视这些已然全球化的观念，那么这种发展往往就被视为“威胁”。比如，美国与日本最近数十年遭受的批评，以及它们因此而进行的自我调整，背景正是这些普遍观念的日益发展与深入人心。

正是在这些方面，我们很遗憾地发现，中国正处于饱受批评的境况；而我们的反应，更多的是基于封闭思维的自我辩护——论者们对于历史、对于文化、对于国情特殊性的强调，正在形成表层逻辑上自洽的自我认识，即我在前面提到的“中国中心论”。在此意义上，中国被视为威胁，获得了可理解的视角。这是因为，在这种视角下，这种威胁不是传统意义上对国际秩序的威胁，不是所谓的“霸权转换”引发的不安与忧虑,而是指对世界自身发展的非正向影响。就此而论,无论是中国的和平崛起论者还是和平发展论者,皆处于问题的表面与外围,因而未能进行有效的自我辩护。这里面首先涉及实质性的问题是:何谓世界?

如上文所言,认为世界仅仅由国家构成,这是一种非常狭隘的认识;世界秩序绝非国家秩序自身。世界由人、事、物构成。与此相应,世界秩序是一种多重秩序,我们可以将其区别为"物的秩序"与"事的秩序"。在前者上,中国的发展正在极大地改变世界。毕竟,巨大的国内市场与低成本的劳动力为资本提供了绝好的机会;表现在制造业上,就是资源与生产设备的进口为全球经济的增长提供了巨大的动力。在这个意义上,世界的改变是中国发展的内在必然结果,并不值得过分关注。但在后者的意义上,在事关道理、公平、正义的"事的秩序"上,中国对世界秩序的改变尚未得到恰当的认知;中国旧有的世界认识,正在成为我们行动的障碍。

毋庸置疑,让许多人疑虑重重的问题,即中国将怎样改变世界,正是发生于"事的秩序"的层面上。就此而言,对中国自身的秩序的探索与认知,也就是对世界秩序的探索与认知,以及在这种认识基础上的建设。中国内在于世界自身,对世界的认知也就是对我们自己的认知。这是一种有意义的同义反复。为一些人所津津乐道的经济的成长,是否能引领人民精神与世界文明的同步成长?这是中国高速成长中最有意义的,或者说唯一有意义的问题。正是在这个意义上,我们必须让一种新的世界主义充盈于我们的认知空间。

这种新世界主义,是一种世界性的政治理念,正在为后民族国家时代的世界提供建构性的原则与力量。最近数十年急速普遍化的全球法治、人权与环境理念的发展,正在超越近代民族国家秩序的宿疾与沉疴,也正是这种新世界主义的精神源泉,在这种文明观念的观照下,世界优先于国家,人自身优先于国家,环境优先于发展,竞争优先于管制,自由优先于一切……只有接纳、吸收、融合这些世界文明的最新理念,中国的发展才能获得持续的思想动力,中国发展这一世界性的事件,其世界史的意义才能全部得到展现。

因此,在这个新时代,不是作为民族国家,而是作为世界的一部分发展,这才是中国这个大国健康成长的必由之路。对这种事态的分析与建构,也正是新世界主义的理论目标与现实关怀。

本文集所收各论,正是在这样一种新世界主义的观照下,对自我与世界展开重新认识的实践。"天下大势,浩浩汤汤,顺之者昌,逆之者亡。"——这些具体而微的分析与论述,正是我们对于这个世界的认识诊断以及处方。文明发展无止境,认识亦无止境,希望本书所展开的实践多少有益于我们这个时代。

2013年11月19日,于昆山市花桥镇寓所

一
世界认识的重建：列强史观批判

一、对世界的误解

就试图叙述东亚共同史这一主旨而言，眼前这部《超越国境的东亚近现代史》[1]有名副其实之处。这么说，并非因本书著者打着“中日韩三国共同历史编纂委员会”的旗号——读者可能会质疑这个“委员会”的代表性——而是因为，在预设的“西方—东亚”的对比图式中，本书通过建构对“东亚”的整体认知与一体感，获得了某种超越其内部国境的视角。然而，这种相对的“成功”反而将本书致命的缺陷暴露出来：它所呈现的世界认识充其量仅为东亚三国所共有，而未能超越一般意义上的国境。如果东亚三国的世界认识有着同样的问题症候，那么这种“超越”的意义就将极其可疑。造成这种认识论上的

1 中日韩三国共同历史编纂委员会：《超越国境的东亚近现代史》，北京：社会科学文献出版社，2013年2月。

问题的根本原因在于,对作为整体的“东亚”视角的问题性,本书的编纂委员会竟毫无知觉。为“超越”而超越的政治意图遮蔽了方法论上的谨慎探讨。

由于这种严重的缺陷,在本书编者所建构的“超越国境”的历史认知框架当中,现实存在于东亚的诸多问题很难得到解释。比如,在许多人看来,日本政治家近年在事关历史认识的问题上一再挑衅,甚至到了执拗的地步。这对于饱受侵略与杀戮之苦的人们而言,无异于疯狂之举。对日本民选政治家的相关言论及行为的憎恶,导致日本成为另类的存在。本书编者之间就如何叙述同样作为受害者的日本民众而产生的对立，[1]并不难理解，因为本书未能在普遍的原理层面对历史认识问题达成共识。日本独自的近代世界认识，就是本书未触及的棘手难题。

此种世界认识在文艺评论家林房雄出版于1960年代的《大东亚战争肯定论》中得到了完全的展现。在这部广为流传的著作中，作者提出了“东亚百年战争”史观，将1863年的“萨英战争”（英国与萨摩藩）与1865年的“马关战争”（英、美、法、荷四国与长州藩）视为这一延续百年的动乱的起点。其间，日本的所作所为俱源于西方列强的压迫、源于列强对日本的发展所进行的围追堵截。这种在丛林世界中谋求自保以及遭到不公待遇的观念，在二战期间日本用于进行自我正当化的“ABCD（即美、英、中、荷四国）包围圈”这一说法中，达到巅峰，并修成正果：1941年9月召开的帝国御前会议决定对美开战，以建新的世界秩序。在此间的日本帝国主流话语中，以英美为首的整个世界皆是其敌人。如果将这种世界认识与其精神导师福泽谕吉力主的“文明开化”论，即全身心地拥抱西洋生活方式的观点相比，人们将不禁去追问：他们何以对这个世界既羡慕又怨恨？

这里旧事重提，并非好事之举。在这部被冠以“超越国境”的历史教科书中，我们看到了同样的世界形象：欧美列强（包括脱亚入欧、后来居上的日本）对东亚进行的持续侵略与压迫。“列强”（包括其后的“帝国主义”，下同）与作为其实施侵略手段的“不平等条约”两种说法，构成了本书的通奏低音。如今东亚诸国享受着高度的现代文明，却对此文明的历史进程满腹怨言，这不禁让人去追问同样的问

1　参见《超越国境的东亚近现代史》下册第八章。

题:他们何以不能堂堂正正地看待这个世界?

实际上,这种结局乃是观念使然。究其本源,则在于东亚三国对推进历史进程急剧转换的本质因素——包括全球商业模式的兴起、西方大国的历史角色等——未加明察与反思,而是让偏见大行其道。其中,关于"列强"与"不平等条约"的狭隘认知,成为偏见的根本来源。这种基于偏见的世界知识、这种"半科学"(托克维尔语)比"完全无知"更可怕,因它让人们完全丧失了认清事理的欲望与意志,对自己的成见却心安理得。

二、由"列强"到"大国"

其实,若非了解"列强"在本书中所承担的确保"共同认识"的角色,读者将对下述说法感到愕然,因其异常突兀。"东亚冷战秩序为何如此不稳定?……战后东亚各国为摆脱帝国主义统治建立独立国家,开始了激烈的实现土地革命等社会改革的民族运动与社会运动。……与此同时,遏制这一运动的反革命运动也不可忽视。……美苏两国没有等东亚各国民众自己解决其内部矛盾,而是介入到了这些国家内部事务中,将局面转向有利于自身理念与国家利益的方向发展。为此,美苏两国纷纷寻找符合自身利益的政权组织并提供相应支援,由此进一步深化了东亚地区的分裂与对立。"[1]

本书中的这一代表性说法将其主旋律全面呈现出来。美苏两国出于各自的国家利益而干涉东亚诸国的内政,因而被视为不道德。

1 中日韩三国共同历史编纂委员会:《超越国境的东亚近现代史》上册,第 206 页。

意味深长的是，由于二战后世界政治格局的巨变，由于“列强”在东亚三国的重建中扮演了不同的角色，“列强”这一富有指责语气的措辞已从上述说法中消失。随着中国1970年代末重新融入世界，“列强”这一说法最终退出了东亚用于表述世界政治的话语体系，取而代之的是中性的说法——大国。东亚国家在校正自己的世界认识。

从字面来看，“列强”就是“the Great Powers”，翻译过来就是当下人们常言的“大国”。但如上所述，包括本书在内的东亚近现代史教科书中，“列强”一语具有负面的色调：欧美列强被视为一群恶棍。在此种“列强”观中，当时世界上的那些大国有着一致的思想与动机，即在“强权即公理”的原则下，从事贪婪地扩张与掠夺；其中，“帝国主义亡我之心不死”为其最极致的表达。这不禁让人好奇起来：同是“大国”，其含义为何今昔有别？人们对历史上的“大国”亦即“列强”的指责，是否包含了他们对世界的误解？我们又应基于怎样普遍的视角，重新审视“列强”在世界政治中的行为？很遗憾，这些为真正“超越国境”提供保证的反思性视线，在本书中付诸阙如。

此种“列强”神话带来一系列后果，其中最严重者莫过于对世界的怨恨——东亚诸国认定由大国主导的世界对自己不公。结果，当事者无法客观审视人类的文明进程，因而无法建构正确的政治目标。比如在上述引文中，美苏出于一己之私而干涉他国内政，因而作为“列强”被并置于一起；恶者得到了确认，人们诚然获得了心理上的安慰。这是东亚经典性的世界认知。如果以光明正大的视角观之，人们不难明白，美苏两国性质截然不同，在人类文明进程中的角色亦迥然相异。两者在追求各自利益实现的过程中，其手段与目的更是高下有别，好坏有别，又焉能一概而论？

这不由得让人想起基辛格在其著作中两次提及的尼克松的观点："他（即尼克松——引者）在《外交》杂志1967年10月期的一篇文章中写道：'我们不能让中国永远在国际大家庭之外作非分之想，老是怒气冲天。在这个小小的星球上，我们没有足够的空间让近10亿最具潜力的人民愤怒地生活在孤立之中。'"在1969年1月20日的总统就职演说中，他再次提到："在这个世界上，一个民族，不管其人口多少，都不能愤怒地生活于孤立状态之中。"[1]众所周知，这种"愤怒孤立"的状态，其道德基础恰恰是对"美帝"进行的最高分贝的指责。既然中国在1970年代初已然进行了勇敢的自我否定，那么尼克松之言及其所代表的美国这一"大国"的良善性质，今日的中国人就有义务堂堂正正地解释之并接受之。

这只是一个事例而已。推而广之，由于最近数十年历史研究的发达，西方"列强"在不同时空中的行为已得到了异常丰富的展示，"列强"的行为需要得到允执厥中的评价。如果勇于正视事实，我们就不难认识到，推动19世纪以降国际关系的要素，并非某个或某些大国对其他国家与民族源源不绝的恶意，而是诸国民体系在政治、经济、文化等领域相互竞争与相互融合的文明进程自身。国际条约在这一波澜壮阔的文明进程中的作用无可替代。

三、"不平等条约"问题

作为东亚三国世界认识的一个支柱，"不平等条约"的观念坚若

1　［美］基辛格：《论中国》，胡利平等译，北京：中信出版社，2012年，第195—196、202页。

磐石。不同于"列强",这个说法因在建构民族主义的政治目标上卓有成效,至今仍活跃于历史叙述当中。[1] 在那些叙述中,签署条约的东亚国家懵懂无知,不明白加于自身的"条约制度及性质"的危害性。这更意味着"不平等条约"隐含有欺骗性,其恶劣愈加令人发指。但我们要就此进行质疑:此种说法符合堂堂正正的历史认识与世界认识吗?"不平等"的条款通常被认为涉及"治外法权""协定关税"与"片面最惠国"三个方面,这里仅就"治外法权"稍作辨析。

从起源上看,"治外法权"源于历史悠久的"领事裁判权",可上溯至中世纪意大利城邦与东方伊斯兰国家的商业习惯。当时,"东方统治者常以特许权或者特许状的形式授予特权",旨在突显其恩宠。因穆斯林统治者对其臣民在欧洲国家获得此互惠不感兴趣,这成为该司法习惯单边性的历史起源。[2] 换言之,"领事裁判权"的单边性并非针对东亚国家蓄意制定,而是源于商业习惯。1871 年签订的《清日友好条规》与《通商章程》中约定相互承认"领事裁判权",可以说是一种创新。

与起源相比,更公允的视角则是,西方司法文明在近代取得快速发展,使得"领事裁判权"开始获得新的正当性基础——当"无罪推定"、禁止"刑讯逼供"等司法原理与实践已然成为人类文明的主要标尺时,西方国家不接受不文明——时称"野蛮"——的司法习惯,具有道德正当性。明白此点,我们就会明白为何日本推行"文明开化"国策的最重要的举措就是制定民法典、推动司法改革,为何晚清最后十年的新政同样以司法改革为中心。同样,我们也会明白,为何中英

1　参见王栋《中国的不平等条约:国耻与民族历史叙述》,上海:复旦大学出版社,2011 年。
2　参见[美]努斯鲍姆《简明国际法史》,张小平译,北京:法律出版社,2011 年,第 29 页。

《马凯条约》(1902)中有如下条款:“一俟查悉中国律例情形及其审断办法,和一切相关事宜,皆臻妥善,英国即允放弃其治外法权。”

不过,这种为收回权益而进行司法改革的看法,仍非大中至正的世界认识。事实上,促使主政晚清中国的政治家进行司法改革的因素,更是对欧美法系所具有的普遍人类的文明性格的认同。比如两江总督刘坤一、两湖总督张之洞在光绪二十七年(1901)的会奏中提到:“外国人来华者,往往亲入州县之监狱,旁观州县之文案,疾首蹙额,讥为贱视人类”,“敲扑呼号,血肉横飞,最为伤和害理,有悖民牧之义”,故要求停止刑讯。这就是一种堂堂正正的态度。当然,中国为获得这一世界认识付出了巨大的代价:庚子义和团起事惨烈的结局,终于使朝野上下幡然醒悟。

随后,受英美等“列强”有条件放弃治外法权的允诺的激励,中国精英开始热心研读欧美法律,结果对其文明已再无疑虑。从帝国梦中醒来,他们的世界观变得豁然开朗、廓然大公,从而构成了此后中国外交行动的基础。人们已经注意到,域外学者通常对晚清最后十年及第一共和(即北洋)时期的外交持以高度的评价。[1] 殊不知,此间外交行动的知识与思想基础正是对世界的健康认识。得一善,本应拳拳服膺而弗失之。但令人惋惜的是,第二共和以降,此种认识日渐式微,终至花果飘零。

事实上,就法理而言,“不平等条约”这一说法并未得到国际法学者的认真关注。国际法中不存在“不平等条约”一说,道理并不复杂:条约是当事方反复交涉之后,对其利益关系达成平衡状态的书面约

1 参见唐启华《被“废除不平等条约”遮蔽的北洋修约史》,北京:社会科学文献出版社,2010 年。

定。条约既然是对双方平衡状态的约束，那么“不平等”就不是描述其性质的恰当词语。比如，终结战争的和约，人们可以谈论其中的条款苛刻与否，但不能批评其不平等，否则人类将丧失结束战争、维护秩序的和平的法律手段。同样，对于受武力胁迫而签订的条约，我们可用“屈辱”之类的词藻描绘之，但与双方平等与否无涉。

在国际关系的实践当中，主动接受对自己不利的某些条款并非罕见，因加入条约的主旨是谋求国家利益的最大化。比如，世人皆知，最近十余年中国经济的高速成长，蒙2001年加入WTO（世界贸易组织）之惠甚深。但在入世议定书中，中国不得不表示接受WTO附件四中的政府采购协定，而该协定对其成员而言本是可自由选择的“诸边”协定。[1] 如果我们今天用诸如“不平等”“耻辱”之类的字样来形容中国的入世协定，显得匪夷所思、荒谬不堪，那么用同样的字句去评判历史上为数众多的中外约章，我们同样要慎之又慎。

进而言之，源于欧洲的条约体系，我们必须从全球治理之法治化的这一文明进程的角度来理解，方能识其价值。要注意全球治理首先是商业秩序的治理，因条约体系正是与全球商业秩序的兴起同时生发而成。二者相辅相成，互相促进，构成了人类文明演进的两根驱动轴——前者开启了全球性繁荣的大门，后者将一套法律体系（即国际法）推向全球，从而为实现属于每个人的正义开启了光明之旅。

1　参见［美］杰克逊《国家主权与WTO：变化中的国际法基础》，赵龙跃等译，北京：社会科学文献出版社，2009年。

四、今日世界的政治现实

笔者手头的一本中外约章集的前言中，编者在形容“不平等条约”的危害时，引用了李密《讨炀帝檄文》中的一句名言：“罄南山之竹，书罪无穷；决东海之波，流恶难尽。”此种修辞在制造悲情、激发民族主义情绪的政治意图上，无可厚非。然其贻害之处在于，它将中国在近代以降诸国民相互竞争中的失利，悉数归因于境外敌对势力的狡诈与压迫，从而获得了自我免责。殊不知，历史事实表明，若说竞争的失利，最初源于自己的无知，其后则是源于偏见。

时过境迁，今日之中国在国力上俨然已身居“大国”之列，正在世界政治舞台上调整“着陆姿态”。这或许是性命攸关的时刻，因其根深蒂固的世界认识依然在模糊其政治目标。

日本与当下的世界高级政治生活无缘，或曰无所作为，并非仅因其角色受到了战后和约的限制；更主要的原因在于，日本并未在人类文明的层面上成为政治成熟的民族。本来《日本宪法》第九条所讴歌的和平理念，可以成为得到普遍尊重与接受的价值，但日本对此缺乏自觉。富国强兵的目标早已实现，国民生活已趋艺术化，那么接下来呢？前文提到，日本政治家至今纠缠于对其战争行为的辩护，昧于世界文明之大势而不见，故而在世界高级政治舞台上表现得进退失据、首鼠两端，洵足为天下笑。究其根源，皆因其丧失政治目标之故也。

因此，下述说法水到渠成：“师夷长技以制夷”“文明开化”等策略性的国家目标若不以更高一层次的普遍人类文明进程与价值来加以约束，那么在韬光养晦、枉尺直寻的现实主义进程中，当事者对世界抱有的毫无道理的怨气将与日俱增，最终将自我破裂。换言之，

“大国”的政治目标只有定位于世界高级政治进程,亦即全球文明演化之进程当中,方能实现其自身的真正利益。此种利益也就是人类的利益。现在不是睁眼看世界的时代,而是要堂堂正正看世界的时代。

(原载于《东方早报·上海书评》2013 年 6 月 23 日)

二

世界误认的结构要因：案例研究

一

关于中国的"中日关系"研究，笔者在若干年前的修学时代就曾耳闻目睹，日本学界有"中国只有对日工作而没有日本研究"的说法。不过彼时笔者因尚未关注这一学问领域，也就没有仔细思量上述说法的含义。即便如此，其中的"工作"这个字眼还是在记忆中留下了挥之不去的疑点——"工作"在现代日语中的含义有若干种，但此处含义明确：依据日语辞典《广辞苑》[1]，它是指"为实现某种目的而事先依据计划实施的活动"。比如，日语中"里工作"的说法，就是指我们所常说的"暗中活动"。因此，在日本学者看来，中国的"日本研究"不具备"学术研究"的性格，它们不过是出于特定功利与现实目的的政治活动。不客气地说，日本学界的上述印象除了客观描述的

1 《广辞苑》，第四版，东京：岩波书店，1991年，第861页。

意图外，还带有些许的轻视、嘲讽乃至鄙夷。

那么，中国的中日关系研究果然如日本学者所言吗？倘若如此，中国学者的“对日工作”的“目的”为何物？其“活动”的方法又为何？日本学界期待中国学者进行的“日本研究”又如何理解？2009年夏天，笔者因教学与研究的关系，概览了最近数年中国学者撰写的大部分有关中日关系方面的书籍，然而，阅读的过程却令人深感难堪甚至痛苦——日本学界的那种印象竟然得到了一次又一次的佐证。所幸，日本学者所言“对日工作”的内涵大体上水落石出：它是指中国学者依据官方的对日外交路线与政策，从主观的立场对日本社会以及中日关系的论述，其主旨一方面是证明官方见解的正确性与真理性，另一方面是对日本进行批判与指责,以及与其相辅相成的期待与希望。简言之,在日本学者看来,中国学者的论述无非是意识形态先行的主观论述,而非基于客观事实的研究与分析,因而无论是对日批判还是对日期待,皆不值得当真。

毋庸讳言,日本学者的上述印象包含为日本推卸责任的意图,然而如果只看到这一点,中国学者就错过了重新审视自己的最重要的契机——中国学者的中日关系研究或论述,果真有益于这个国家吗?当然,中国的学者们或许根本不会如此反思,因为在他们看来,任何"中日关系"的建构与发展,必须有益于亚洲、有益于世界、有益于人类;至于"中国如何如何",最初就从他们宏大而高远的视野中脱落得无影无踪。这或许是中国这个"最古的世界国"(戴季陶语)固有的逻辑,只可惜不合时宜。

如果说为数众多的中国学者的"中日关系研究"不是"学术研究",而仅仅是一种意识形态工作,那么这些学者思考与论述的问题大致皆可归为"伪问题",因其所谓的"研究"不过是从正反两个方面对一个构想的正确性的反复论证而已。

概言之,此处"正"是指"中国人民"为实现、维护"中日友好"而进行的苦心孤诣的努力,而"反"则是指日本"一小撮右翼势力"对"两国人民的友好事业"的破坏活动。然而令人难堪的是,这些论述在日本学界与舆论界被讥讽为"对日工作"。退一步而言,即使真心实意致力于"日中友好"的日本学者,面对来自中国这个"巨大他者"方面或许是诚挚的"友好"经营,亦会感觉完全无法领情。对于深谙现代国际关系与实践之本质的日本学者而言,"友好"与国家间关系是分属于两个截然不同领域的异质事物;在他们的国际关系认识当中，“真挚”的努力只有在国际通行的认知框架中才能获得解释，而他们认为来自中国的“友好”仅仅是工具性的话语策略而已。就此而论，任何对日本“不知恩图报”式的指责，皆完全超乎日本学者的认知与想象，只是中国学者在进行国际关系方面的“伪问题”论证。

二

不过，中国学者并非都如某些日本学者认为的那般“不必以其为对手”。这本《战后中日关系：“不正常”历史的过程与结构》[1]的出版无疑会引起日本的相关学界领域的注意。理由无他，因为该书首先是一部地地道道、名副其实的“学术研究”，日本学者很容易在国际关系研究领域、在一般的学术研究层面正常地理解作者的主旨与论证过程；其次，该书的出版标志着中国学者对日本学者所谓的“对日工作”式的研究与论述的告别，预示着对国际关系与对日研究的真正开始；而日本学界则要重新评价这个“开始”意味着什么。

与这两个学术层面的理由相比，该书在中国国际关系研究领域可能引发的“范式转换”或许会触发日本社会远远超出学术意义上的关注——该书第一次对当下中国主流学界乃至官方视为金科玉律的“人民外交”思想、对作为这种思想的两个框架亦即“中日友好”与“以民促官”进行了实证性的研究。

虽说如此，这部可能引发日本学者关注乃至敬意的书，未必会在中国读者中引发类似的反应，其理由只需将上述分析逆转过来即可。

1　刘建平：《战后中日关系：“不正常”历史的过程与结构》，北京：社会科学文献出版社，2010 年。

中国读者若要理解该书主旨，首先要理解书中所言"学术研究"在中日关系研究中的作用究竟为何；其次，中国读者要从外部的角度理解支配国际关系的基本法则，而不是对自己的观念持抱残守缺的态度。反过来说，由于对何谓"学术研究"的不理解，更由于对"国际关系"片面的、自我的乃至意识形态的理解，中国主流学界或许对此书持"不必以其为对手"的态度。不过，稍微浏览本书，我们将发现此种态度将无异于自欺。

那么，什么是学术研究？作者依据其处理的主题从两个方向进行了阐述。首先"从总体上看，中国学者基本上是从意识形态和政治立场的视角作针对个人的批评，鲜有对国家间政治的结构分析……基于这种知识思想，中国的对日外交总是一方面发动思想批判，一方面期待'友好'政治家的出现来扭转乾坤，显然欠缺国际政治学和外交学的学术自觉"[1]。顺理成章的是，作者所言的学术研究"就是把握中日关系的历史演变过程，实证分析左右中日关系发展的结构性因素，在可靠的历史知识基础上讨论中日关系，在实证经验理论的基础上尝试提供有知识根据、有逻辑条理而不失思想伦理底线的中日关系新思维"[2]。概括而言，作者的主张可归纳为三点：第一，放弃意识形态或曰政治立场先行的论述；第二，基于可靠的、实证性的历史知识进行相关的讨论；第三，不可丧失思想伦理的底线。

如果将作者的上述申明仅仅理解为对"学术研究"一般规范的重新阐述，那么我们就会无视作者对这种学术常识反复提及的用意。事实上，如果注意到作者用了长达一章的篇幅不厌其烦地阐述学术

1　刘建平：《战后中日关系："不正常"历史的过程与结构》，第 8 页。
2　刘建平：《战后中日关系："不正常"历史的过程与结构》，第 17 页。

研究的规范,并依据这一规范提出本书处理的问题(解析“日本对华蔑视结构的复合体”)的话,那么我们就会发现这个问题自身就是基于实证研究而得出的。这种做法的意义在于,它在方法上告诉读者:这是一个真正值得讨论的问题。

这里要强调的是,在学术研究领域提出一个“真问题”绝非轻而易举。一般而言,在正常的社会科学学术研究体制当中,有价值的学术研究通常是指在前人研究的基础上,通过重新收集、整理、分析事实资料,克服此前研究的不足或者推进其遗留问题的研究,从而实现客观知识的生产,最终为客观世界的理论化、为社会实践提供经验可靠的知识。

从这个一般论的角度来看,我们发现作者在对先行研究进行总括、进而设定研究主题时,对与主流观念或曰“官方口径”亦步亦趋的“中日友好”论以及“对日新思维”论进行了相当严厉的反驳;在作者看来,其当下的任务并不是为了克服中国学者在该领域中的研究不足,而是不得不推倒重来、另起炉灶。事实上,本书的主体内容正是对上述主流见解的解构。这里试举一例。

作为“中日友好”与“人民外交”路线支柱之一的“日本人民”观念,在历史上是如何形成的?通读全书,我们可以看到一幅清晰的历史画面:在国际共产主义运动及其意识形态的影响下,中国的革命家们在野坂参三(1892—1993)这位活动于延安的日本共产党领导人的身上抽象出了“日本人民”的观念——这是一种单数意义的“日本人民”。随着八路军对日军俘虏的思想改造的进行,“日本人民”开始具有复数形式:抗战末期已经有大约两百至三百名日军俘虏最终成为可信赖的“日本人民”[1]。重要的是,延安根据地的这些可视的“日本人民”与共产国际的意识形态相结合,为中国革命领导人对“日本人民”的“意识形态想象”[2]提供了现实的证据,进而形成了战后中国对日交往的法则。此后中国的实践表明,这种意识形态想象愈走愈远,最后将所有对日本政府持不同意见的日本国民悉数容纳进来,甚至包括政界复归的日本战犯。不过,这个过程的历史画面中充满了“中国人民”的辛酸与无奈:在面对“日本国民”的代表亦即日本政府各种外交行为时,前者的代表切实感受到“它对中国人民的敌视和侮辱”、“露骨的敌意”,因而一次次地表达“义愤填膺”与“万分愤慨”[3]。

不过,真正让人触目惊心的是,战后因穿梭于中日之间而为中国革命家继续提供“日本人民”证据的“对华友好人士”,比如高良富与竹入义胜,前者的身份可能是日本政府的侦探,而后者却冒充日本政府的“特使”,进行了欺瞒中国领导人的活动[4]。

本书的主旨并非为读者提供一份忆苦思甜的革命历史叙述。事实正相反:如同中国主流学术杂志与媒体所显示的一样,由于“以民促官”,亦即通过与“日本人民”的友好交往来给日本政府施加压力的做法仍是当下的指导思想,[5]作者将其纳入日本精英对中国的“轻侮”与“蔑视结构”的形成要因当中。作者尖锐地指出,究其本质而言,“人民外交”乃一种“结好贿赂”,其结果是“既不能获得有尊严的

---

1 刘建平:《战后中日关系:“不正常”历史的过程与结构》,第 51 页。
2 刘建平:《战后中日关系:“不正常”历史的过程与结构》,第 37 页。
3 刘建平:《战后中日关系:“不正常”历史的过程与结构》,第 154—168 页。
4 刘建平:《战后中日关系:“不正常”历史的过程与结构》,第 272—275 页。
5 刘建平:《战后中日关系:“不正常”历史的过程与结构》,第 7 页。

利益回报，更与改变不平等国际关系结构的理想南辕北辙”[1]。当然，作者的主旨亦非将读者引向“忘恩负义的日本”对“宅心仁厚的中国”这样无意义的感情对立上。相反，对于“精于外交计算与国际法游戏”的日本政治精英，对于他们作出的超乎“中国方面的想象”[2]的外交举措，作者毋宁说持正面乃至羡慕的态度。当然，作者可能在暗自思忖：中国何日可出现如此之国际政治与国际法的精英？

三

上述分析将我们带到了本文的主题：中国学者迄今进行的“中日关系研究”当中，还有多少类似的伪问题？这里所说的“伪问题”暂定为下列两种情形：第一种指其问题或是主观臆断，或是流于空泛，不具有理论与现实意义；第二种指其主旨是为特定见解与主张提供正当性说明。这两种情形都与基于经验事实的科学研究有着本质之别。如果遵循上述标准，那么读者就可以自行发现。这里仅举两例。

其一可名之曰“大局论”。其含义大致是说，为了“友好”或其他某种“大局”乃至“战略”，中国应当放弃局部的利益而作出妥协。如果说“相互妥协”是国际关系实践的本质，那么以揭示事实与进行学术分析为主旨的学者止步于此说，则无异于思考停止乃至逃避责任——政治学者的职责难道不是为政治决断提供关于具体的事实与理论知识吗？这种论述，无异于对 2+2=4 这一常识的天真表白。事

1　刘建平：《战后中日关系：“不正常”历史的过程与结构》，第 266 页。

2　刘建平：《战后中日关系：“不正常”历史的过程与结构》，第 232 页。

实上,每当正常的国际摩擦发生之时,总有许多学者在媒体上对“大局”高谈阔论。以此律己虽然迂阔,倒也罢了;但以此律他的“希望”“期待”话语则表明,他们已经糊里糊涂地钻进了“结好贿赂”的死胡同中。

其二可名之曰“禁区论”。其含义是指,某某问题在外交上“高度敏感”,因而成为学者的“禁区”。对于这种在学术上划定“禁区”的做法,在国际关系实践中无异于授人以柄,坐以待毙——对所谓“敏感问题”不明所以,焉能不败?学者受限于此种“禁区”,自有其可原宥之处,然而却无法免除其失职之责。欠缺基于独立自尊的学术研究工作与意志,至少在学术领域强化了已然存在的“中国蔑视结构”,实有百害而无一利,为政诸公与士人对此不可不察也。

无需赘言,本文的案例分析表明,中国对世界的误认的现状及其生成机制,源于知识生产机制背后的权力,以及权力对知识的垄断。中国迄今为止的“对日工作式”研究,在知识上阻断了对日本的真正认识,从而无益于建构健康的中日关系,无益于建构健康的中国与世界的关系。

(原载于《东方早报·上海书评》10 月 31 日)

三

政治领袖的灵魂与人类文明

一、关于灵魂的科学

在许多意义上,《领袖:一项心理史学研究》[1]这部著作的价值将遭到严重误解,除非读者具有如下的品性:他能够接受并欣赏有关人类"灵魂"的知识与事实。换一个说法,他能够理解由弗洛伊德所创建的"精神分析学派"的心理学;他有兴趣面对人类文明生成机制的方方面面;他能够坦然面对偶像幻灭所带来的痛苦——因为领袖的灵魂将遭到严肃的剖析。事实上,本书使用的"心理史"方法,正是精神分析向历史研究中的一种应用。

一般而言,狭义的精神分析是指一种临床实践,是"一种旨在揭

1 [美]斯特罗齐尔等编著:《领袖:一项心理史学研究》,梁卿等译,北京:中央编译出版社,2013年。

示和显露无意识心理内容,并将它们整合到自觉意识中去的心理技巧”[1]。而广义的精神分析则是指一种独特的关于内在心灵的叙事。有学者将其与欧洲宗教改革时期的加尔文主义相提并论,因二者同样促使人们转向内心,并最终成为促进历史进程与个体生活变革的强劲的精神动力。[2]

那么,这里所言的“灵魂”究竟为何物?显然,单是提及“灵魂”这个说法,就会让那些对其科学知识与理性天赋抱有纯朴信念的人们感到冒犯。对于此刻的多数读者而言,这个字眼几乎与“死语”无

1 [瑞士]荣格:《精神分析与灵魂治疗》,冯川译,南京:译林出版社,2012 年。

2 [美]扎列茨基:《灵魂的秘密:精神分析的社会史和文化史》,季广茂译,北京:金城出版社,2013 年。

异。在这个由物质主义的世界观以及某种狭隘的科学观所主宰的时代，这一意味着人类独特的心灵、意味着他们迥异于动物的内心世界的词语，尚能坦然使用者有几？除了在诸如“灵魂深处闹革命”“人类灵魂的工程师”“艺术的灵魂”等极少数情形，人们已不再使用这个说法。

这么说并非是呼吁人们恢复对“灵魂”古老的想象力与热情，重新激活这个字眼对个体与公共生活的建构能力。这里的意图仅在于引发一种反思：历史上以及当下的领袖的“灵魂”，怎样影响了我们的生活？对领袖的“灵魂”加以科学的分析，正是《领袖》这本科学著作的主题。这里强调“科学”，只是让读者不再有所顾虑，能心平气和地阅读这部作品而已。

本书对“心理史”这一用语的使用，意图无非如此。这种学科通过系统使用心理学的概念和理论，旨在“加强我们对历史上某个具体的人物、某些特定事件的理解”。借助于历史学严谨的考证方法，他们试图超越精神分析理论及实践所引发的争议。不同于精神分析直接面对患者，心理史聚焦于领袖的“病史”，观察“领袖怎么把个人的矛盾和困惑转化到公共事务中”。这注定是一个反英雄主义、反乌托邦的视角：往往被尊崇为导师与舵手的伟大领袖，其言行竟然为其个人的且往往是病态的灵魂特征所驱动！那么，他们高谈阔论的“国家”“人民”“梦想”“正义”，其真实面目又为何物？

疑问再次出现：领袖有“灵魂”吗？在人们的日常感觉中，与没有相比，有“灵魂”的领袖或许更被视为国民之幸。若某个领袖的内心世界仅仅由钢筋、水泥、GDP、权力浇筑而成，人们一定觉得他乏味、平庸,让人感觉“望之不似人君”。这种感觉,保证了我们有必要在方法上假设“灵魂”存在。

其实,在精神分析学者看来,“灵魂”无非是指人的全部心理活动。与这个字眼相比,精神分析尚有更多显得光怪陆离,甚至让人触目惊心的用语:“无意识”“自恋”“恋父(恋母)情结”“口腔”“肛门”“生殖器”“阉割恐惧”“乱伦禁忌”“阴茎(子宫)嫉妒”……不过,那些能够欣赏人类心灵科学的人,比如被视为世纪伟人的伟大科学家爱因斯坦,早已谦卑地接受了由这些用语所描画的精神风景,因为正是它们将人的幸福、人类艺术与文明的本质揭示了出来。想来,现代人由“物质”“经济”“财产”“生产力”“消费”等编织的心灵内容,不同样显得面目可憎?

回到正题,在精神分析的视野下,领袖得以成为领袖的条件是什么?是什么使其灵魂的品质迥异于芸芸众生?精神分析对此展现了卓越的洞察。我们将看到,心理事实,尤其是其中的无意识部分如同香象渡河、羚羊挂角,让人难以把捉,但正是它们将我们对自己、对群体政治生活的理解引向全新的深度。

二、领袖、心灵与民众

弗洛伊德在对达·芬奇、摩西等人的传记叙述中,开创了从精神分析角度探讨历史问题的传统,形成了以其名字命名的历史学派。领袖们的精神症状成为分析政治冲突、理解政治进程的材料。他们的出身及其意识和无意识的表现,包括“梦境和幻想”以及“童年生活、他和父母的关系、他成年后与重要对象之间的关系，这些都从精神病学和临床角度被详加探讨”。通过回溯早年的经历，分析者旨在洞悉领袖的主观世界，尤其是他本人亦无法意识到的世界。本书对甘地与威廉二世的分析，即精彩之作。

众所周知，圣雄甘地被视为人类史上的一座里程碑。“圣雄”这一称号的意思是“伟大的灵魂、极不平凡的人”。在心理史研究中，甘地自传中记载的一件早岁往事，被视为其精神史上的一个重大事件。

那一年甘地十六岁，被剥夺了与父亲卡巴·甘地最后亲近的机会。在印度，孩子，尤其是儿子守候在临终的父亲身边十分重要，“这是印度的传统，老辈人最后赐予下一代，下一代最后汲取老辈人的智慧，就发生在这个时刻”。甘地唯有在那天晚上未照顾父亲，让叔叔接替了自己。“父亲去世之后，甘地为自己沦为肉欲的奴隶自责不已，因为当天晚上，他急于离开父亲病房的原因是赶回去与妻子嘉斯杜白做爱。”心理史学家就此分析说，终其一生，“甘地都把这件事看作是他与妻子肉体结合的可耻愿望的证明，却忽略了他的被剥夺感和随之而来的自恋式的愤怒……”这成为他许多行为的内心驱动力。

其后，甘地南非之行时遭遇了两次屈辱事件，成为“世界历史的一个标志性时刻”，因为他最终完成了自我转变。他决意以承受痛苦的方式改变自我，最终改变印度。“在甘地看来，一个努力实现自我的人必须遵循五种肉体仪式，……它们分别是：非暴力（不可摧毁）、真理、不占有、不偷窃和禁欲。在印度禁欲主义的意义上，要想‘动摇压迫者的王位’，积极努力的人必须发誓自我克制，尤其是反对性欲的发泄。”分析者就此评论说，“甘地的这些教诲和相关印度教的实践被转化成了内在的自我结构,持续为他提供了平和与抚慰,它们充当了他的理想,指引他走上一条同情他人的命运之路”。

精神分析认为,心理病态是人们日常生活的组成部分,领袖概莫能外。甘地的“自恋式愤怒”就是一种精神病状:灵魂的杂乱与不和谐。但在领袖那里,对困扰的克服最终转化为某种群体目标的实现。领袖所在群体及其文化传统,构成其得以出现的外部环境。甘地内心面临的苦恼,无异于印度种族群体所抱有的苦恼。反过来说,印度种族的集体心理状况,可完全从甘地一人身上推演出来。在这个意义上,领袖的心理病态更为强烈,因而在外观上显现出“虽千万人吾往矣”的英雄气概。

与甘地的成功相比,德国皇帝威廉二世的灵魂构成了失败的典型。威廉童年的经历,导致他成年后内心失衡,结果,“他外在的神秘和排场与内心的虚幻脆弱、富于魅力的领袖风范与显而易见的低效无能”必然联系到了一起。比如,1897 年,当他听说两位德国传教士在中国被杀害时,立即下令“要不遗余力地报复,……以便彻底表明,德国皇帝不容轻视”。而当 1900 年 6 月驻华大使遇害时,他下令“必须把北京夷为平地”,命令“即刻与日本缔结攻守同盟,而此前,他对日本一直是极度鄙视的”。本书分析者评论道:“威廉把自己易受国际‘侮辱’的感觉传达给他的臣民,从而助长了国内焦虑和愤怒的紧张气氛,公众觉得德国遭到其他欧洲列强的蔑视,欧洲列强正试图按部就班地挫败德国在世界政治舞台上发挥作用的正当抱负。”

领袖的心理状态与其臣民并无二致。1871 年以后的三十余年间,德国跑步进入了现代化国家的行列,这是导致德国上下心理失衡的外在要素。德国人开始为大国崛起而躁动不安,甚至做起神圣罗马帝国复兴的美梦。结果,对于什么是德国,什么是世界,什么是德国的真正利益,他们陷入了偏执的甚至是恍兮惚兮的境地当中。

出于政治本能,威廉努力渲染德国的军事胜利,“把民族英雄提升为‘神’,在不存在帝国传统的地方创造一种传统”。这符合近代国家建构的一般逻辑,无可厚非,但问题是,他认为自己的使命是“为德国人民把‘辉煌的历史’与专制政府及大众工业社会统一起来”。民众则依据本能,“通过与高大威严的皇帝形象认同,通过与他并肩战斗的感觉”,结果,“他们本人的自大幻想在世界历史的舞台上得到了淋漓尽致的宣泄”。如此一来,德国逐渐被视为世界和平的主要威胁。

我们看到,威廉二世的心理事实经由现代政治过程,进入内政与外交政策当中,从而使一种廉价的阴谋论,即欧洲列强对德国进行的子虚乌有的围追堵截,得到了自我实现。这样的事例在人类历史上屡见不鲜。历史之所以一再重演,原因无他,只因包括领袖在内的人类共有相似的灵魂结构。

三、心理视角的意义

上述事例表明,将精神分析用于历史研究似乎“靠谱”。这种感觉不错,因为正是精神分析将形形色色的人类经验呈现了出来。领袖人物的深层心理状态,尤其是深蕴其中,且通常被视为处于压抑状态的心理能量的溢出,足以导致社会制度的变革与大众精神风貌的改换。这里面的关键环节在于,领袖与大众之间有着一种可称之为“互为亲子”的结构。大众的心理暗流开始汹涌澎湃之日,就是领袖的诞生之时。在这个意义上,对大众进行心理史分析,构成了领袖研究不可或缺的侧面。其实,二战期间美国政府“战时情报局”为分析日本军事行为,展开对日“心理战”,特别委托过文化人类学家鲁思·本尼迪克特进行日本国民性格研究;这可谓是名著《菊与刀》(1946年)的诞生秘辛。这部至今仍得到广泛而热烈的追捧的作品之魅力正在于,它是精神分析与人类学融合的具体成果。

顺便值得一提的是,早在1946年,日本著名的政治思想史家丸山真男就发表了题为“超国家主义的逻辑与心理”的有名论文,从思想结构“乃至心理基础”的角度,切开了日本从上至下的军国主义者的隐匿的内心世界。在他看来,导致日本国民长期处于“奴隶般的境况”的要因,并非仅在于外部权力机关的束缚,还在于某种“心理强制力”,它“通过一定的渠道,渗透于那些机关,并流入国民的内心倾向与行动当中”。在随后发表的《日本法西斯主义的思想与运动》(1947)、《军国支配者的精神形态》(1949)等文章中,丸山继续进行这一分析,旨在谋求“国民精神的真正变革”。心病还须心药医,看来这同样是人类共有的经验。

将精神分析用于政治研究虽已颇有建树,但上文言及的“靠谱”感觉背后依然潜在着疑虑与不安:精神分析是科学吗?在现代观念中,人们习惯以狭隘的实证主义界定科学,即科学只是一系列经得起检测的假说。然而,精神分析迄今为止尚无法进行量化研究。结果,主流学术界中对其持冷淡态度者居多,甚至不时出现充满敌意者。

这里的问题在于如何界定科学自身。

其实,精神分析的奠基者们最初就认为自己的探索符合真正的科学精神。比如,曾被弗洛伊德称为"亲爱的儿子"并被指定为学派传人的荣格,通过反转客观与物质的观念,为其研究的科学性展开了彻底的辩护:认为"存在只能是物质的存在"是一种偏见;我们能够直接认识到的唯一存在乃是心理的存在。不过,这种心理事实往往不能领悟自己的存在。借助这种心理主义视角,荣格对包括"上帝"在内的宗教观念进行了深度的分析——"上帝"是一种理论,是一种表达人们内心某种虽不可测度,但却是真实的体验的方法。

弗洛伊德本人则认为,其探索的科学性还包含了与人类心灵及人类文明息息相关的艺术。在《文明及其不满》一文中,他曾引用歌德的诗句来表明其科学观念:"懂得科学,懂得艺术的人,也一定会懂得宗教;不懂科学,不懂艺术的人,就只能当个教徒!"精神分析通过对启蒙主义所持有的理性观念的批判,将人类的精神研究推向了一个新的高度。因此,本书的真正意义不仅在于领袖研究自身,更在于它所展现的更为广阔无垠的人类心理事实;这些事实与我们的生活、与我们的政治品性有着千丝万缕的关联。

(原载于《东方早报·上海书评》2013年10月20日)

四

琉球、日本与东亚的权力结构

在中译本《冲绳札记》[1]的序言中，作者大江健三郎写道："我在书中试图思考的问题是：所谓'日本'这个近代国家是如何成立的？它果真强大吗？近代化的结果让它在（世界），特别是在近邻诸国中居于怎样的地位？日本人真正吸取了战败的悲惨教训了吗？"该序言撰写于2009年，距该书原版的出版已近四十年。大江在序言中提出的这一系列问题旨在为中国读者指出一个阅读其作品的方式。大江颇有些用心良苦。这是因为，这本出版于近四十年前的书得到重新聚焦与阅读，首先得益于日本国内对该书独特的阅读方式。事实上，《冲绳札记》对不同的读者而言有不同读法，而每种特定的读法都揭示着特定的道德与政治意识，这才是问题的关键。

第一种阅读《冲绳札记》的方式体现在日本国内当下的读法当

1 ［日］大江健三郎：《冲绳札记》，陈言译，北京：生活·读书·新知三联书店，2010年。

中。在该书的“代译后记”中,译者陈言为我们清晰地勾勒了这种阅读的原委与奥秘。在1990年代以后日本社会“新民族主义”抬头的背景下,大江在该书中揭发的二战末期日本军人强迫冲绳人“集体自杀”的事实被视为“自虐史观”的产物,因而大江(以及原著的出版社)在当事者“名誉受到损毁”这一冠冕堂皇的理由下,被告上了法庭。自此,原告、被告及相关当事者围绕“集体自杀”是不是事实展开了法庭内外的论战。由于该问题与日本国内的“战争责任”问题、“历史认识”问题直接关联,人们的眼球也被吸引到这一讨论得异常激烈的问题上。日本一般的读者不得不关注:惨无人道的强迫性“集体自杀”果真是事实吗?

然而,细读《冲绳札记》的行文,上述阅读方式不禁让我们疑窦丛生:大江在《冲绳札记》中设定的主题难道不是被当下这一特定的问题严严实实地遮蔽起来了吗?其实,作者大江的本意绝非暴露或揭发某个特定的历史事实;相反,作者在行文中反复迫使自己思考——同时也是迫使读者一起思考——的问题是:“日本人是什么?能不能把自己变成不是那样的日本人的日本人?”这是一种对本民族存在方式的彻底思考。如果说,最初看到这个问题的中国读者会感觉暧昧,那么当作者通过细致的笔触一幅一幅地展示“琉球人”如何转换为“冲绳人”,在这个过程中当事者琉球人承担了怎样的痛苦和牺牲,以及在未来还要承担怎样的代价之时,大江的问题终于撬开了我们的心扉。由于大江几乎以一人之力背负了日本“本土”对琉球人的所有“原罪”,以至于我们无法不为大江的正义感与勇气而动情。大江似乎要通过个人的札记为他身列其中的日本人洗脱,至少是减轻部分罪责。就此而言,大江无疑部分达到了自己的目的。

另一方面我们看到,在2009年的序言中,大江将原书中的追问具体化为对日本人自身的追问与启蒙:大江似乎在担心他的同胞没有读懂他的本意。显然,他的担心并非多余:通过一场关于事实叙述的审判,《冲绳札记》的主题被简化为其内容的真假问题。然而大江没有继续追问的是,在日本右翼导演的这场法庭大战当中,他关于冲绳的真正主题遭到了抹杀,这又意味着什么?

第二种阅读《冲绳札记》的方式与上述日本国内的读法相互呼应、互为表里;这种阅读方式可能体现在中国读者身上。由于中国读者对近年日本右翼的修正主义历史观、美化军国主义罪行的行径早有所闻,与右翼势力展开百折不挠的斗争的大江,自然会被视为日本“左翼”“进步知识分子”的代表。因此,中国读者可能将焦点转向这位有良知的“公共知识分子”身上,从作者对现实的介入角度阅读他在文本中体现出的正义与勇气。考虑到当下中国言论空间的性格,这种阅读方式并非仅仅是设想。不过,就大江在《冲绳札记》中原本设定的问题而言,这种阅读同样可能导致原作的主题遭到置换:基于道德立场的阅读可能会遮住读者洞察政治生活的目光。

第三种阅读《冲绳札记》的方法是作者本人在文本中为读者提供的,因而可以称之为一种内在的读法。事实上,《冲绳札记》撰写于1969—1970年,当时的大江从一个更广阔的道德与政治角度思考了同时代的“冲绳问题”——所谓的“冲绳本土回归”问题。这一点体现在作者在文本中提及的一个独特角度——“日本属于冲绳”。在这样一个看似违背世人常识的表述中,大江将“冲绳问题”先后引入近代政治独有的三个层面加以思考,那就是冲绳的主权、治权与人权问题。不同于专家、学者或政客的话语,大江以其卓越的笔触为读者描述了他所接触、交往或熟悉的琉球人物,而正是在这种虽则淡淡的,然而却令人感到些许压抑的叙述中,这些问题的历史与现实得到了文字上细致的还原。

上述问题当中,大江着墨甚浓的是冲绳人的人权问题:在二战中以及二战后它遭到了日本以及美国怎样粗暴的践踏。值得注意的是,大江并未将视角局限于人道主义的感伤,尽管这种感伤的情绪在作者无与伦比的笔触下得到了令读者心痛的表述;相反,作者冷静地将视角再次投入了历史,将琉球王国在近代东亚的主权与治权问题引入理性的思考当中。通过叙述琉球士人的反抗历史与自我意识,大江试图寻找解脱情感上的压抑与痛苦的现实出口。在这个意义上,作者在对两位琉球士人,亦即林世功(1841—1880)与谢花昇(1865—1908)的叙述中,或许找到了一丝慰藉。

大江笔下的这两位琉球士人富有传奇性的遭遇首先会拨动人们的心弦。面临明治日本的第二次"琉球处分",当时琉球的政治精英林世功因"宗社成墟""国王世子见执",怀着"以死泣请天恩"的气概,向宗主国中国(清朝)申诉,试图谋求属于琉球的正义。然而当得知中国未尽全责、救亡存国无望之时,他壮怀激烈,在北京挥剑自刎身亡。与在北京国子监接受过教育的林世功不同,另一位琉球士人谢花昇则在明治日本接受了农学的专业教育,以日治时代琉球的官员与实业家身份,将自己的抱负付诸政策实践。在经历了绝望的抵抗之后,谢花昇最终在日本的神户车站,以及周围人冷漠的目光中万念俱灰,选择了自我毁灭:他突然发疯致狂,理想与梦想就此黯然凋谢。

在这两位士人悲壮的人生叙述中,大江称之为"处于特殊状态的独立国家琉球"被"纳入日本"的契机得到了展示:两人在异国他乡的相似遭遇意味着琉球人没有掌握自己命运的任何可能。事实上,在东亚册封体系崩溃后出现的弱肉强食的秩序中,弱小的琉球绝无半点维护自己主权的力量。意味深长的是,当年的宗主国对属国未尽保护责任,竟也成了此后的帝国继续"处分"琉球的理由。

不过,琉球的命运并非就此终结;《冲绳札记》将读者带到了琉球命运的另一个关头。随着日本帝国崩溃的来临,琉球命运出现转机。

1942 年 10 月 29 日，中国外交部长宋子文表明琉球应该从日本剥离，数日后进一步表明，战后中国将收回“东北四省、台湾及琉球的主权”。1943 年 11 月，中、美、英三国首脑发表的《开罗宣言》，以及其后美、英、苏三国发表的《波茨坦宣言》，虽未明确提及琉球，却明确表明战后日本主权被限制在本州等四岛以及“吾等决定的诸小岛”。不过，由于战后东亚政治格局的迅速变化，除了 1947 年 11 月国民政府行政院院长张群发表要求返还琉球诸岛的声明，中国基本上被排斥在涉及琉球主权与治权的安排之外。1949 年中国内战结束后，海峡两岸不得不以各自的方式处理这一问题。1953 年，当美国将琉球东北部的奄美大岛的“施政权”返还给日本时，台湾地区发表了反对声明，理由是琉球本来就是中国领土，美国无权将其中一部分的奄美大岛转让给日本。

在当事者各自的打算中，琉球的主权问题被搁置了起来，琉球的命运似乎也脱离了日本。然而，1945 年后的东亚并没有实质性的力量阻止美国出于自身利益而处置琉球。1952 年美日签署《旧金山和约》，最终在琉球群岛确定了“以美国为施政者的联合国信托统治”这一实际支配秩序。1972 年，美国在获得长期保留军事基地的条件下，单方面将琉球的“施政权”返还给了日本。本来，根据联合国宪章规定，受托管地区的未来地位应选择自治或独立，或者根据二战期间的一系列法律文书规定，由“吾等决定”相关事务；然而在冷战下的强权政治当中，琉球的最终“主权”问题再也无人问津。在《冲绳札记》的文本中，大江以罕见的笔力与勇气揭示了事关冲绳的这一根本性问题。

也正因为如此,大江提出的“日本属于冲绳”的这个悖论性命题,昭示了战后日本的真正权力中心的所在。事实上,就美国至今在冲绳保留的强大军事基地而言,大江的这一个命题甚至可以进一步扩充而表述为:东亚属于冲绳。换言之,大江的《冲绳札记》所激发的问题将在时间和空间上触及近代以降整个东亚国际秩序的历史与权力结构。今日东亚包括领土、领海纷争在内的复杂的国际关系,在某个意义上都与“冲绳”这个权力中心有关。

这里要说明的是,上面例示的三种阅读——乃至“误读”——方式并非是读者随意为之的简单结果;毋宁说,它们是读者根据自身的处境与立场进行的有意识的选择。《冲绳札记》以其丰富的思想内涵及其现实意义,想必会得到中国读者的关注。那么,中国读者会选取哪一种阅读方式呢?

(原载于《东方早报·上海书评》2010年6月5日)

五

继续启蒙:现代日本社会的自我意识

一

日本已故著名学者南博(1914—2001)在其《日本人论》的前言中开门见山地指出:“世界上没有比日本人更爱好自我定义的民族了。”这里所说的“自我定义”是指日本知识精英通过撰写大量讨论日本社会、文化以及日本人自身的文字,来探讨“日本”特性的一种精神文化层面的活动。不过,南博的说法只是描述了一个客观的事实;事实的另一面是,尽管日本知识界热衷于生产“日本人论”的话语,但日本人无论对自己的优点还是缺点,似乎都缺乏准确的认识。翻阅作为“日本战略家”而周游于列国的大前研一的《低智商社会》[1],再一次佐证了上述印象。

1 [日]大前研一:《低智商社会》,千太阳译,北京:中信出版社,2010年。

大前的这本书原名为《如何从知性衰退中逃脱出来——对!我要过上独自的人生!!》。由于书中反复出现“低智商化”“思考停止”“不加思考”等对日本社会的批判,汉译本的标题并非空穴来风。不过,考虑到大前对日本社会的激烈批判,考虑到他踌躇满志的启蒙意欲,将题目改为“愚民社会”亦未尝不可。事实上,大前本人亦数次提到了日本政府采取的一系列“愚民政策”,提到日本国民都是“笨蛋”;就此而言,该书可谓是一部揭发日本政府、媒体等如何制造“低智商国民”亦即“愚民社会”的书。

不过,如果把现代日本社会理解为货真价实的“愚民社会”,那么没有什么比这更荒唐的了,因为真实情况可能完全相反——很早就确立了“东方大不列颠”之誉的日本,其国民教养水准纵然无法与英伦三岛的居民相比肩,但总不至于沦落为“低智商”的一员吧。这么想来，口口声声提及本社会的“低智商化”现象并对此口诛笔伐的作者居心何在？

对许多为政者来说，“愚民社会”的形成可能正中其下怀。理由颇为简单：为政者固希冀“愚民社会”，然被治者绝少希望成为其中一员的。正因如此，作者用副标题所表明的本书主旨在于进行全球化时代的国民启蒙；大前呼吁日本国民，要努力过上独自的、不依赖于国家的人生。那么，如何理解这样的呼吁？我们还是先回顾一下作者笔下“愚民社会”被造就出来的机制；这种机制可以从精神与现实两个层面加以理解。

二

从精神层面来说，作者之所以力陈日本人因放弃“思考”而陷入“集体智商低下”的状况，并对此以刀笔相向，首先源于日本特有的危机意识。其实，“危机意识”的淡漠，正是作者对当代日本社会问题状况的主要诊断。那么客观而言，当代日本社会果真缺乏危机意识吗？答案是否定的：“日本国民危机意识强烈”，这已经是形形色色日本论中的定论。不过，真正的问题并不在这里。通过不断斥责国民缺乏或丧失了危机意识来刺激、强化国民的危机意识，这正是1868年明治改元以降日本特有的精神风尚，赓续至今。中国学人想必皆知明治日本著名的启蒙思想家福泽谕吉(1834—1901)，此公当年“脱亚入欧”“独立自尊”等口号之所以起到振聋发聩的效果，端赖于他出色地将当时日本国民遭受的压迫感、焦虑感熔铸成国民性的危机意识，并通过报纸媒体撰文向国民、为政者呼吁,谆谆教导、循循善诱,终至大功告成。

由于在现代日本的建国史中有这样知识分子成功的“启蒙”传统,可以说,在日本的言论的公共空间中,呼唤国民与为政者的危机意识乃是各路精英驾轻就熟的手法,读者对此不可不察。这里“启蒙”之所以加注了引号,正是想表明明治日本知识分子启蒙活动得以成功的一种要素:这种启蒙并非对某种美好生活的阐述与高扬,相反,它是对当下乃至未来生活的不安的刻画与渲染。这种启蒙的逻辑就是:日本民族已经到了最危急的时刻,起来吧,起来吧……对于这种逻辑,中国读者是否觉得曾经耳熟?

三

与这种精神层面的机制相辅相成,日本言论界的意见领袖们必然要诉诸社会现实。对现实或曰现状进行批判,这构成了“愚民社会”被造就的第二种机制。这个问题亦可以从两个相互关联的角度加以铺陈。其一,“愚民社会”作为批判现状的富有刺激性的标语,得到了现实化;换言之,为了激起国民的危机意识,日本言论界的操盘手无所不用其极,国民的“低智商化”被描述为经验的现实,无论这种描述多么可疑。其二,在上述事实建构的过程中,日本政府、新闻媒体等成为众矢之的。其中的逻辑亦简单明快:政府与媒体是任何社会制定制度与政策、影响人心的公共机构,它们不负责,谁负责?况且由于政府与媒体分别代表了权力的两种类型,对权力进行批判,这个姿态自身很容易得到日本国民的信赖。

有了以上的说明，让我们回到大前的主题。大前对日本现状的诊断是日本“集体智商”衰退，为了“日本经济今后的繁荣”，必须唤醒国民与精英的危机意识。大前并不讳言：“目前人类社会已经进入经济、文化等全球化时代，‘强者’源源不断地从‘弱者’那里掠夺着财富，而且恐怕这种模式已经固定下来了。”换言之，大前要求日本国民再次“与强者为伍”；我们似乎再次看到了明治时代启蒙巨人们的召唤。值得注意的是，大前对危机的表述局限于日本国民自身，绝没有上升到世界现实的悲惨及其美妙的未来图景亦即世界和谐之上。对于日本精英来说，“与强者为伍”是一个确实可以触摸的命题。日本民族不尚华丽而尚质朴，表现在公共言论中就是鲜有迂阔之论。

在造成所谓日本国民“不思考”“思考停止”的现象中，作者首先将媒体告上了法庭。从事媒体工作的业界精英与知识分子，“他们的职责在于用他们优秀的头脑去披露社会的不良现象、监督政府的行为”。对日本社会来说，这些论述并非是理想论或原则论，而是某种现实，因此作者将矛头指向了日本特有的“记者俱乐部制度”——政府、大企业等为记者采访而组织的特定民间机构。据统计，日本全国目前有八百个以上的这种俱乐部，分别由日本政府各部门、国会、各政党、地方政府、企业等业界团体自行组织。通常只有参加俱乐部的记者，才有权获得新闻素材、进行采访等活动；当然，俱乐部的加盟者有义务服从相关的报道规定。因此，该制度一方面会将外部的记者排除在外，另一方面，可能会对提供给记者的新闻素材提前进行“加工”；同样，记者报道时可能仅仅对政府等公共机关发布的信息略加补充、调整而已。大前在书中批判的就是后者,因为记者的工作可能“和宣传没有什么两样了”。

此外,大前还指出,在日本影响力大的报社的主笔,通常“会被政府拉拢过去当各种审议委员会的委员”。因此,记者无法和政府、权力保持距离,无法对政府提出尖锐的问题。作者批判说,权威报社的这种“集体智商”的低下直接导致了国民思考的停止;国民只能生活在媒体的“咒语”的阴影之下。

大前对日本媒体的现状感到焦虑不安,乃是情有所依的。熟悉日本媒体史的读者可能知道,自名为“新闻”的出版物在德川幕府末期出现以来,大众媒体在塑造明治日本的天皇制国家过程中发挥了无与伦比的作用。媒体非但是政府与民间的桥梁,而且进一步与政府、民间社会形成了三位一体的结构,对日本社会产生了甚深的影响。在大批忧国志士的奔走呼号之下,明治政府通过日清、日俄两场对外战争迅速确立了新兴帝国的地位。可以说,没有报纸等媒体的发达,也就没有明治知识青年大显身手的舞台;没有民间知识和智慧的参与,明治政府亦无可能成就如此出色的事业。

当下的日本媒体固然在某些领域“丧失了作为媒体的功能”,但在事关国家利益的领域,日本媒体并无半点含糊。毋宁说,在长达一个世纪以上的实践中,媒体、政府与民间社会早已形成了健康的、彼此互有张力的合作关系。因此,恰恰是在所谓日本媒体的“误导”机制当中,存在着促使国民成熟、国家稳定的机制。与这种根本性机制的作用与效果相比,大前在书中举出的一些事例,其实不具有判断日本社会“集体智商”高下的价值。比如,作者曾以日本媒体大肆宣扬的所谓“失去的十年”“日本正在走向衰落”为例,说明媒体对国民共识形成的“误导”作用。然而作者指出,事实的真相是:“我们并没有失去什么。”其实,一向以报忧不报喜、以问题报道为原则的日本媒体,不过是夸大了1990年代泡沫经济崩溃后出现的一些现象而已;换言之,在激发国民与政府的危机意识上,日本媒体秉承了一贯的日本式的“政治正确”。

在解析日本社会“低智商化”机制时,大前将批判的另外一个主要矛头指向了日本政府。大前列举了“高速公路民营化”“邮政民营化”“国民养老金登记”等政策领域,政府是如何使用“甜言蜜语”,如何“偷换逻辑”进行国民欺骗的。其实,在日本每一项政策的出台,由于涉及多方的利益,总要经反复的辩论,最终达成合议。由于利益当事者进行辩论、协调、妥协乃是政治事务的本质,大前的批判并无实质性的意义。毋宁说,这种批判自身,完全与近半个世纪以来西方社会的主流意见是亦步亦趋的;借用美国前总统里根的说法,那就是:“政府不是为解决你们的问题而存在的,政府就是你们的问题。”在这种逻辑当中,“低智商化”即便是莫须有的,日本政府亦是百口莫辩。

大前对日本的教育政策也表现出了愤怒:他径直将“愚民政策”的标签贴到了日本政府的身上。在他看来,从1960年代以来,日本一直实行的是“应试教育”“偏差值教育”“填鸭式教育”,简言之,这是一种读者不难理解的以获取高分为至上目标的教育形式。问题在于,在这种教育制度下,“即便是那些取得优异成绩的人,也是没有思考能力的。他们和技术熟练的工人一样,只会机械地处理问题而不会思考”。这种“人才”对工业化进程中的社会是必要的,但对后工业化的社会则不合时宜,因为它"只是生产出大量不会思考的人,根本就和教育没有关系"。通过教育培养学生提出问题、进行独立思考的能力,这种理念自身并不难理解。

要注意的是,大前的教育政策批判是建立在"追赶和超越比自己先进的国家"这一当今时代每个国家的"正确答案"上的。因此,与其说他并没有意识到日本的教育制度在促使日本成为技术大国的进程中的作用,莫若说大前试图激励日本培养在 IT、金融等领域可以叱咤全球的人才。就此而言,"愚民政策"的标签实在是冤枉了为日本量身定制教育制度的官僚们的苦心。

其实,日本最近二十年的经济表现得波澜不惊,根本原因在于日本社会经济的成熟。当作者提到当代的日本青年已经失去了上一代人所具有的那种勤奋和斗志,因而变得无欲无求时,他已经触及了日本社会的真正"问题"。不过这是一个关于"幸福"的问题。在一个基本已然实现了社会幸福的时代,大前所试图唤起的危机意识,不知还能打动几人之心?不过,持忧国忧民之心且不畏权贵,敢于秉笔直书,这本就是日本知识精英的存在方式。印象中,类似本书作者的精英,日本尚有无数。

除了这种真精英的启蒙模式,日本在诸国民的竞争中克敌制胜,还有何法宝或秘笈?前面说过,日本社会的精英们对自己的优点或许缺乏准确的认识;不过,我的判断理由是:他们对自己最大的优点已然做到了"日用而不知"的熟稔境界。引用一句书中提及的话,那种优点就是:"日本是一个吸收外界信息如同海绵吸水的国家。"更准确地说,日本是一个积极吸收其他国家优点的国家。因此,本书提到日本应该向中国学习，就不足为奇了。只是，中国读者切莫沾沾自喜才好。

四

行文至此，为了防止误解，最好还是强调一下：日本国民绝非低智商的“愚民”。在教育与教养水准上，在公共道德、独立自尊、权利意识等方面，日本国民在整体上仍然出类拔萃。同样，日本政治家与政府官员继承了明治维新以来的励精图治的传统，兢兢业业，克勤克俭，服务于国家与社会。其廉洁、其效率，笑傲同侪。作者所谓的日本国民“低智商化”，有其固有的社会背景，中国读者乃至所有日本以外的读者，对此切不可照单全收。否则，自己将因误解与无知而变得洋洋自得，失去竞争与奋斗的动力。无论怎样，因有此苛刻的批评与温婉的启蒙声音，在当下全球范围内的激烈竞争中，日本国民必将是胜者。

因此，大前所展开的对日本政治与政策的措辞激烈的批判，正是日本社会健全的自我意识的反映。反过来说，由于这种自由的政治批判与自我反思，日本政治家与官员持续得到了启蒙，日本国民则总体上呈现出优秀的素质。明治维新以后日本出色的现代化业绩，正是得益于独立自尊、自由自律的国民个体的成立。

不过，为政者如果想要制作真正的“愚民社会”，方法实在是简单至极：只需反其道而行之即可。在本书读者可以想象的方法中，诸如“精英刻意淡化的危机意识”“政府实施愚民政策与愚民教育”“媒体进行失职的报道”等,想必可以位居前三。反之,从国民的角度来说,如若尚不想成为愚民中的一员,则要时刻对此保持清楚明晰的头脑。当然这也不难。在社会日益信息化的时代,为政者若有“愚民政策”出现,那必然会落得个自欺欺人的结果——自欺可以,想要欺人,则寸步难行。任何“愚民政策”的实质都是愚弄自己。

(原载于《东方早报·上海书评》2010年9月5日)

六

美国在中东的失败

一

随着中国对世界事务的参与日深，今日我们都成了中东现场的当事者。这不仅仅是心理上的关联。冷战后美国制定了“大中东计划”，将中国的邻邦巴基斯坦与阿富汗囊括在内。若依据这个标准，可以说地理上与政治上的中东都在我们身边。不过，这并不意味着我们更容易理解那里的世界与人生，因为我们的生活空间充斥着太多的政治“神话”——信誓旦旦者、虚张声势者、投机取巧者各显神通，编织着各自的中东叙事，败坏视听，让人头脑不再清明。正因如此，《中东现场》[1]是一部让人心生敬意的作品，因为它为读者提供了摆脱神话控制所必不可少的解毒剂：事实与真相。置身于作者张翠

1　张翠容：《中东现场》，桂林：广西师范大学出版社，2012年4月。

容女史提供的“中东现场”情境,复杂而惨痛的历史与现状让人不由得去思索:人类究竟该怎样为自己的行为负责?

中东政治复杂,尤以巴勒斯坦问题为最。美国中东史专家在开始叙述这一历史时写道:“我们现在所称的阿以冲突,此后将成为现代外交中最为棘手的难题之一。美国新闻工作者I.F.斯敦讽刺道,如果上帝死了,那么他死于解决阿以冲突的努力。”[1] 显然,引文中的上帝云云不过是文学性修辞,而非人类免责的借口。在中东问题上,人类的自我救助还只是刚刚开始;大国,尤其是美国,更是责无旁贷。对于这种看法,有人可能会感到不快:美国又不是世界警察,阿以冲

1 [美]戈尔德施密特等:《中东史》,哈全安等译,上海:东方出版中心,2010年,第300页。

突关美国何事！

世界与美国并未如此简单地看待问题，因为人们对“美国是世界警察”的这一神话有不同的理解。不消说，这种类似的神话正不断被生产出来，服务于特定的政治目的；但对于试图理解这个世界的人而言，它们无疑阻碍了思考，并“正在飞速地扼杀一些诚实的争论”[1]。事实上，政治神话的后果远比想象的严重。从政治神话到政治神学，到政治神秘主义，再到暴力的滥用，最终造成生灵涂炭，正是这种人类行为令人震惊的连锁效果。本书提到的现场事例，可资为证。

二

自2011年初突尼斯发生革命以来，阿拉伯世界春风劲吹，许多同病相怜的国家一时间风声鹤唳。阿拉伯世界为何有此变局？一种声音很快传遍街头巷尾：“这是美国的阴谋！”于是，众多的评论家开始对美国阴谋进行绘声绘色的演绎，乐此不疲。然而，这种演绎只是不高明的甚至是失控的智力游戏，因为他们刻意无视众所周知的基本事实。突尼斯这场民众运动的导火线，其实是极为日常化的一幕情境：一位可怜的小贩因遭受执法部门的暴力执法，愤而自焚。这导致民众在专制体制下压抑已久的不满情绪瞬间爆发；国王见状不妙，远走他乡。这种情绪随后在多个阿拉伯国家蔓延开来，几乎成星火燎原之势。

1　[美]巴尼特：《五角大楼的新地图》，王长斌译，上海：东方出版社，2007年，第240页。

作为“世界警察”的美国，自然早已卷入其中。本书作者注意到，“有人说，阿拉伯人终于起来推翻了亲美独裁政权，一如突尼斯和埃及；又有人说，反美独裁政权终于面临垮台的命运，一如利比亚与叙利亚”。阿拉伯国家与美国为何以如此极端的方式联系到了一起？其实，问题在于政权的独裁，而非反美或亲美，因为前者首先关系到那些国家民众的生活。关于此次阿拉伯世界的民众运动，“有人指这是关于贫穷、关于民主、关于自由，不过，正如阿拉伯老百姓自己说，真的原因其实是关于公平和尊严：重拾被剥夺了的关乎人的最基本的正义、尊严”[1]。此诚为作者源自现场观感的真知灼见。2004年埃及出现的“杰化雅运动”，诉诸的正是民众的生活感觉。“杰化雅”（Kefaya）在阿拉伯语中的含义非常浅显：“受够了”——谁受够了什么？对于埃及民众而言，这可能无需回答。

美国卷入阿拉伯政治事务中，乃是出于公然的既定政策，并无秘密可言：作为安全政策的一环，美国有意推动阿拉伯世界的民主化进程。然而，这是一种狭隘的世界政策。阿拉伯世界的人们对此抱有反感与敌意，亦是人之常情——有谁愿意被他人视为工具呢？问题在于，专制者见猎心喜：他们利用民众朴素的乡土之情，高调指责美国，将各种严峻的现实问题——诸如政治的腐败与无能——悉数转换为过去乃至当下殖民主义、帝国主义造成的罪恶。这成为他们自我辩护的手段。在这种旨在维护专制的斗争中，社会固有的民主议题暗中遭到了替换：民权问题被转换为主权问题，甚至被转换为对国家忠诚与否的问题。简言之，真问题被转换为伪问题。

1　张翠容：《中东现场》，第14页。

在分析美国在中东民主化过程中的角色时，评论家都注意到了“美国民主基金会”（NED）这个团体。该基金会早在2001年就卷入北非与中东国家的社会运动当中。这些国家包括突尼斯、利比亚、叙利亚、也门、约旦、科威特、苏丹，甚至还包括以色列。在2003年11月格鲁吉亚发生的革命中，幕后的组织者选择的口号是“Kmara”，其含义正是“受够了”。这让人联想到了该基金会在埃及的“阴谋”。但事实还有另外一面，埃及民众表达了他们对“Kefaya”（杰化雅运动）的理解：“我们不想在电视画面上不停看到那些官员的嘴脸，所听到的是不断重复的官方立场。我们要新的脸孔，新的声音！”[1]这是一种对专制统治的厌倦。

“杰化雅运动”的正式称谓是“寻求埃及变革运动”，其诉求很简单：结束穆巴拉克的统治。年轻人充当了运动的主体，而这与交往技术的变革，尤其与互联网的广泛运用有直接的关联。它形成了一种去中心化的、松散的网状结构，不易遭到破坏。处于权力核心的那些老人家们不知与时俱进，不知如何对付这种飘忽不定的抗争。这种源于厌倦感的行动，因夹杂着网络虚拟空间特有的游戏感，恐怕是历史上最不深刻的革命，甚至有一丝“谈笑间，樯橹灰飞烟灭”的味道。美国审时度势，推波助澜。但埃及民众清楚，美国依旧在把自己本质上是生活诉求的民主诉求视为手段，因而怨恨依然。这是美国中东民主化政策的失败。

1　张翠容：《中东现场》，第25—26页。

三

美国为其政策失败所付出的代价,并未得到恰当的认识与评估。2001 年“9 · 11”事件后,美国民众错愕不已:“为什么他们憎恨我们?”美国为政诸公似乎只能想到中东的穆斯林没有自由,没有民主,故心怀怨恨。他们未能意识到自己作茧自缚,沉浸于“美国自由”的神话中而无法自拔。美国在中东的所作所为早已将这个神话摧毁。与埃及政策相比,美国在巴以冲突中扮演的角色,收获的已不再是简单的怨恨。简要的历史回顾,有助于我们理解那种角色的后果。

阿拉伯国家的出现源于奥斯曼帝国的解体。第一次世界大战结束时,英军攻占了巴勒斯坦地区,并于战后进行委任统治。然而,与其他委任统治不同,1922 年,国际联盟授权英国执行有名的《贝尔福宣言》,要求英国无中生有,协助犹太复国主义者在巴勒斯坦建国。此后,英国比较公正地维持了族群平衡,激进的犹太复国主义者遭到了抑制。事实上,19 世纪末只有不到两万犹太人生活在巴勒斯坦,而该地区百分之九十五以上是阿拉伯人;后者是最近一千三百年来巴勒斯坦绝大多数土地的真正所有者。不过,犹太复国主义者宣称,根据《圣经》记载,早在四千年前上帝就与亚伯拉罕订约,将土地许给了他和他的后代。二战后,犹太人因众所周知的原因获得了同情;1947 年 11 月,联合国通过巴以分治方案。翌年,英国结束委任统治,以色列趁机宣布独立,并随后踏上扩张之路:不但控制了整个巴勒斯坦,还占据了叙利亚的一部分戈兰高地。

随着冷战的展开,为平衡苏联对埃及的支持,美国开始全力支持以色列,并最终在1967年左右接替了此前英国扮演的监护人角色。这是悲剧的开始,因为以色列早已显示出桀骜不驯的姿态:为实现犹太复国主义者的"大以色列"计划而展开征服事业。依据美国学者米尔斯海默与沃尔特在其著作《以色列游说集团与美国对外政策》[1]中的介绍,以色列早在建国时就进行过种族清洗,"包括犹太人所进行的处决、大屠杀和强奸行为"。在巴勒斯坦人分别于1987—1991年及2000—2005年间发动的两次起义期间,以色列展开了血腥的镇压,包括枪杀儿童。此外,1982年以色列入侵黎巴嫩后,让黎巴嫩基督教民兵进入巴勒斯坦难民营展开屠杀,导致七百到两千人丧生。在2006年的第二次黎巴嫩战争期间,以色列向黎巴嫩村镇投下数以百万计的集束炸弹,造成巨大的灾难。

这些暴力行为,可视为英国统治下发生的犹太激进组织恐怖袭击策略的延续。早在1937年,巴勒斯坦的犹太人就实施了无差别恐怖主义袭击:将炸弹安放在超市与人群中。在获得国家地位后,暴力得到了合法化。相反,巴勒斯坦人的激烈反抗、他们自认的"殉道之路",则被视为恐怖主义。当《中东现场》的著者略微表达不解时,哈马斯领导人直接回答:"我们不需要你明白……"[2]局外者诚然感到困惑,但阿拉伯人明白。那种源于看不到尽头的暴力、羞辱、折磨,导致了巴人对以色列不择手段的复仇;同时,巴人及其同情者宣称,采取不公政策的美国要为此埋单!这成为针对美国的一系列恐怖主义袭击的直接起因。

---

1 [美]米尔斯海默,[美]沃尔特:《以色列游说集团与美国对外政策》,王传兴译,上海:上海人民出版社,2009年。

2 张翠容:《中东现场》,第164页。

然而,美国失败的根源并不仅仅在于其政策的不公。事实上,1970年代后期的卡特政府、1990年代的克林顿政府,都为中东和平进程作出了堪称真诚的努力,先后促成了以色列与埃及、约旦的和解,甚至还一度让人看见巴以问题解决的曙光。尽管这些进程中有着对以色列过度的偏袒,美国仍可获得属于它的那一份敬意。美国的真正失败在于,它丧失了对以色列的控制:以色列可以随意违背对美国的承诺,阻碍美国的和平努力,公然违反国际法的一般准则。

在前面提到的米尔斯海默与沃尔特的著作中,两位作者以长达五百余页(中译本)、近一千四百条的注释,极其翔实地分析了美国中东政策失败的制度根源:美国的"以色列游说集团"是影响华盛顿的第二大利益集团,对美国政策制定发挥着非比寻常的影响。美国前总统卡特的一席话表达了这一集团的巨大力量:"对于任何想寻求连任的国会议员来说,采取一种可能被解读为反对保守的以色列政府的政策立场……在政治上就无异于自杀。"[1]在该集团的影响下,任何对以色列的批评都可能被冠以臭名昭著的"反犹主义"标签。这种反犹主义的指控,在美国已经成为一种"最强有力的侮辱性"言辞,成为进行人格抹黑、钳制人口的利器。事实上,卡特这位被视为"道德上毫无瑕疵"的人,就因其对以色列的批评而一再被指责为"反犹分子"。

整个世界都在为美国的失败而付出代价:美国的自由民主制度遭到质疑,以色列犹太人正在耗尽其苦难史引发的同情,并被迫在不安与恐惧当中生活,而巴勒斯坦人则只能在更为悲惨的状况中度过。更有甚者,政治学者诸如亨廷顿者流的耸人听闻的"文明冲突"的妄

1 张翠容:《中东现场》,第231页。

言，正在被错误的政策建构为现实。他们都忘记了：罪恶源于人手。

四

这是人类为实现正义而必然付出的代价吗？肯定的回答会带来安慰，但无法令人满足。因为，倘若人类坚定地动用自己的知性，代价就会得到控制。动用自己的知性，这首先要求我们知道事实是什么。正是在这个意义上，本书《中东现场》堪称是一部出色的中东当代史，尤因其对庶民声音的倾听与记录，将为各种强权所忽视、无视乃至蔑视的事实呈现在我们面前，而使得本书显现出令人敬佩的高贵品质。

中东的现代史已然表明，强权政治是造成人间苦难的根本原因。权力若未得到有效平衡与控制，那么暴力——源于个体与国家，尤其源于后者——就无法得到驯服。把这种暴力简化为“恐怖主义”，无非是一种自我欺瞒，一种新的政治神话。其实，控制权力、保障人类尊严的现代政治制度，在民族国家（或曰“国民国家”）内部的相对有效性已经得到了证明；美国正是这种国家之翘楚。然而在世界政治上，源于人类自身的暴力尚未得到有效驯服。若想真正实现人人的自由与平等，珍爱人类的“良心的自由”，那么可以说美国还有很长的路要走。当然，这里要求美国走的路，因其正是人类文明进程自身，没有人能够置身事外。在这个意义上，所有人都是中东现场的当事者。

（原载于《东方早报·上海书评》2012年7月15日）

七

如何正确认识日本右翼？

一

最近数十年，每当中日关系出现问题之时，中国的多数学者都会提到“少数日本右翼分子”或“一小撮日本右翼势力”的破坏作用。他们确信无疑地评论说，日本右翼有着不可告人的目的，有预谋、有步骤地破坏着“中日友好”，因此我们不能让日本右翼牵着鼻子走；同“日本人民”讲友好，就要同日本右翼作坚持不懈的斗争，云云。在这样一幅画像中，日本右翼被视为绝对的“恶魔”，他们对内欺骗“不明真相”的群众，对外破坏中日友好关系。由于这种分析仿佛证据确凿地指明了恶之所在，它或许会给人们一种安心感。不过，仔细品味一番，总感觉这种论述有点似曾相识——善良的人民群众与极少数敌对分子，这不是我们习以为常的关于自己的认知模式吗？将这种模式延伸到现代日本社会，这种日本理解是不是自我蒙蔽？

颇有讽刺意味的是，对上述冠冕堂皇的议论，日本国民的代表——而非无法发声仅仅作为“被代表”存在的“日本人民”——首先提出了抗议。我们随意举出一例。2006年，时任官房长官，其后成为首相的安倍晋三与当时的财务大臣谷垣祯一有过这样的对答。谷垣发问道：“中日邦交正常化的时候，中国在向（中国的）国民进行说明时将战争责任与一般的日本国民区别开来……你是如何考虑的呢？”安倍对此回答说：“将日本国民分成两种人也许是中国的理解，日本方面并不是这么理解的。这种议论是不是有点阶级斗争史观的味道啊？”[1]安倍从正面完全拒绝了中国加诸其上的特定认识，并且

1　［日］若宫启文：《和解与民族主义》，吴寄南译，上海：上海译文出版社，2008年，第21页。

还不忘嘲讽一句。

对此中国学者可能会进一步辩驳说,安倍就是日本右翼势力中的一员,他自然要维护自己错误的历史认识。历史认识问题这里暂且不论,这种反论引发出的难题将是灾难性的:如果日本国民的代表亦即日本政府由右翼势力把持,那么同日本右翼的斗争不就意味着同全体日本国民的斗争吗?上述从"少数日本右翼势力"出发的日本论述,问题究竟出在什么地方?更为根本的问题是,如何理解日本右翼?

二

其实,倘若以公正的而非意识形态化的态度面对历史事实,我们自然就会得到准确的答案。在这个意义上,堀幸雄的《战前日本国家主义运动史》给我们提供了一幅极其干净的历史画面——关于日本右翼势力的历史叙述。这部通史告诉读者,明治改元(1868)以降,日本右翼势力始终都是日本国民国家乃至帝国建设的主要参与者,发挥了独特的政治作用。关于这场运动在意识形态上的得失,作者并未讨论,因而我们这里也存而不论。读者首先可能感到好奇的是,日本右翼势力究竟为何物?他们怎么会有那么大的能量?本书虽然未专门讨论这些问题,但从其事实叙述中,我们可以抽象出两点要因,即日本右翼具有高度的行动性与思想性。

第一,日本右翼的首要特征是富有行动能力。这种性格的根本成因在于,其主体源流乃是明治维新前后的下级封建武士。如同历史学家指出的一样，明治维新主要是日本武士阶层主导的一种自上而下的国内秩序重构。不过，在维新政府成立后的政治改革中，武士阶层除了部分进入政府，其他则成为无枝可依、自由浮动的浪人。这种阶层的变动的意义立刻显现了出来——这些试图为天皇的新政府建功立业的年轻人，不得不在社会、民间开辟另外一种政治舞台。因此，1873年因主张武力征讨朝鲜而被迫下野，其后举兵反叛并失败自杀的明治开国元勋西乡隆盛（1827—1877）被视为右翼的源流，我们就不难理解了。

这种在民间展开政治活动的右翼力量，因武士阶层特有的行动能力，竟然成为此后日本政治生活的一种特殊力量，这一点是维新政府始料不及的——右翼团体首先是作为政府的政治对手存在的。依据《战前日本国家主义运动史》[1]一书的介绍，我们可以得知，以头山满（1855—1944）为核心结成的日本第一个右翼团体玄洋社，其主旨是参与当时风起云涌的"自由民权运动"，致力"开设国会"，试图向天皇制政府要求"人民的权利"。换言之，正是在日本第一波民主化浪潮中，右翼势力集结起来，成为向新政府施加压力的政治团体。其后，玄洋社逐渐由主张"民权"转向"国权"，要求明治政府采取积极的对外扩张、侵略政策。这种对"国权"的诉求，成为此后右翼与日本历届政府紧张乃至对立的根本要因。

在与政府的对立过程中，右翼展现了极其活跃的行动能力。除了一般的集会、游行、示威、抗议，最令政府棘手的就是暴力暗杀活动。1888年，新政府正在与西方列强交涉，试图改正幕府时期签订的

1　［日］堀幸雄：《战前日本国家主义运动史》，熊达云译，北京：社会科学文献出版社，2010年。

不平等条约，收回国权。既然是谈判，自然不免有妥协之处，这招致右翼势力的不满。是年10月18日，时任外相的大限重信（1838—1922）遭到玄洋社成员来岛恒喜抛掷炸弹的暗杀。大限虽侥幸生还，不过修改条约的活动就此受阻。这次刺杀事件致使头山满与玄洋社名声大振；在来岛的葬礼上，头山致悼词曰：天下谔谔，不如君之一击。

事实上，来岛的“一击”拉开了此后日本多位政治家殒命的帷幕，包括时任首相的的原敬（1856—1921）、滨口雄幸（1930年11月遭刺杀，翌年殁）、犬养毅（1855—1932）等。这种政治暗杀活动的顶点是1936年由少壮派军人发动的“二二六事件”，时任首相的冈田启介虽然幸免于难，但包括内大臣在内共有九位高官遇刺身亡。在第二次世界大战结束前，除了极个别的首相，几乎都遭到过暗杀的威胁，其中包括东条英机。导致这些暗杀的原因，皆是政见与政策的不同。另外遭到袭击或殒命或身负重伤的政治家、官员、议员、学者、财阀领袖，尚有多位。其中比较著名的是安田善次郎（1838—1921）暗杀事件。

安田是当时日本有名的财阀“安田财阀”的奠基者，经营有银行、保险公司等。1921年9月28日，安田在其别墅内遭到右翼分子朝日平吾割颈杀害。朝日在其遗书《死亡呐喊》中阐述了他的意图：“奸富安田善次郎虽积巨富，却不尽富豪责任，无视国家社会……因而清除君侧之奸、诛杀奸富乃实现日本繁荣昌盛之手段，乃为大多数国民造福之举……为此，鄙人愿率先垂范，诛杀一奸物。”简言之，在朝日看来，他的行为乃是为国为民尽忠的义举。由于他阐述了“一人杀一人”的逻辑，在日本造成了极大的影响。堀幸雄指出：“这封遗书不是一封简单的所谓遗书，它发挥了威胁统治阶级的作用。从此以后，财界害怕右翼的恐怖活动而开始提供资金，同时也导致了右翼和财界的结合。”[1]事实上，今天在日本活动的形形色色的右翼团体，其背后都有日本财团、大公司的支持，这也不是什么秘密。

朝日在杀害安田之后，当场割喉自尽。一周后，其葬礼在东京的一家佛教寺院举行，据说参加者达千人以上。另一方面，社会对安田家的评价比较冷漠。安田家族注意到了这一现象，捐资修建了东京大学的大讲堂、日比谷公会堂等设施。其中前者就是今日东京大学著名的“安田讲堂”，已经成为这所大学的象征。不过，今天的许多人可能不知道这所建筑物背后的血腥故事。

面对一次又一次的恐怖暗杀活动，日本政府并无恰当的对策，同时国民也都持观望的态度。事实上，由于政府与军方的关系，这种暗杀活动获得了后者有意无意的支持。比如1932年犬养毅首相遭暗杀后，由于凶手是现役陆军军官，军事法庭对凶手竟然持同情的态度。在公诉词中，它这样写道：事件的目的是“为了让国民真正觉醒其使命”，“毋宁说是顺应了时代潮流”。因此考虑到他们“忧国之至情，无私之信念”，只对凶手判处了数年的监禁刑罚。[2] 在民间，各种要求减刑的活动也甚嚣尘上。此次宣判后，日本右翼与军方更紧密地结合到了一起；日本的文官政府已经形同虚设。

第二，日本右翼发挥了巨大的政治能量，还与其高度的思想性有

1　［日］堀幸雄：《战前日本国家主义运动史》，第88页。
2　［日］堀幸雄：《战前日本国家主义运动史》，第136页。

关。显然,如果日本右翼仅仅是对政敌及不满对象进行一番打打杀杀,绝难发挥出影响日本国家建设方向的能量。这种特性同样可以从右翼的主体起源即武士阶层身上找到理由。日本的武士阶层自18世纪(1790年幕府实施以朱子学为本,排斥其他学说的“异学之禁”)开始必须接受正宗儒学思想,儒学经世济民的思想逐渐内化为日本武人的行动规范。

日本儒学在培育武士阶层的自我意识上,最重要的就是“尊皇攘夷”思想的形成。1657年,在明朝遗民、儒者朱舜水(1600—1682)的主持下,德川幕府开始编撰《大日本史》。在此后两百多年的编撰过程中,形成了后世称为“水户学”的学派,它将儒学、神道等思想融为一体,确立了日本天皇至尊的地位。这样,儒学固有的天下国家观念与“尊皇攘夷”思想一同成为规定维新前后日本武士参与政治实践的意识基础。清末中国驻日本大使黄遵宪在《日本杂事诗》中,曾赋诗论证日本儒学的政治行动力量,诗曰:“叩阍哀告九天神,几个孤忠草莽臣。断尽臣头臣笔在,尊王终赖读书人。”——当然,黄遵宪可能没有意识到的是,日本的这些“读书人”同时是,或者说首先是带刀的武士,而非“无事袖手谈心性,临危一死报君王”的柔弱书生、腐儒。

在明治维新后武士阶层向民间分流的过程中,这些武士因不在其位,愈发放大了自己的忧国忧民之志,因为只有通过这种呐喊与疾呼,他们的存在才能转化为政治行动。当然,随着维新后政治现实与政治思想的流变,右翼势力展开行动的思想根据也随之更新。

举例来说,前面提到的“二二六事件”,日本学者公认是在著名的右翼分子北一辉(1883—1937)的思想影响下发生的。北一辉的右翼思想集中体现在写于1919年的《日本改造法案大纲》一书中。当时他身处上海，目睹了中国革命的风起云涌，尤其是中国反日民族主义的兴起。怀着强烈的军国主义情绪，北一辉完成了长达八卷的构想，其核心主张是：(1)通过政变发动天皇大权，废除旧的统治机构；(2)建立新的统治机构，实行以国家社会主义为核心的国家改造政策；(3)制定侵略计划，建立东亚帝国。该书在日本出版后，虽然遭到了查禁，但通过多种渠道流入社会，成为少壮军人改造国家的圣典。正因如此，"二二六事件"遭镇压之后，日本军方几乎以"莫须有"的罪名将其处以极刑。

以思想见长的右翼人物，尚有大川周明、石原莞尔、安冈正笃等人。在这些人物的著述当中，他们通过诉诸绝对天皇主义、国家社会主义、共同体主义等，试图建构一种以天皇为中心的平等主义的社会，克服近代资本主义及其自由主义思想体系的缺陷，将使日本成为真正的王道乐土。

三

高度的行动性与思想性作为近代日本右翼的典型特征，使得右翼势力成为有别于日本文官政府、军国主义势力的第三种国家政治力量。右翼通过民间活动，与其他政治主体形成相互补充的关系，共同推进了日本的国家建设，尽管其中夹杂着许多对抗。近代日本民权的确立、国权的伸张，背后都有右翼势力的"功劳"。在这个意义上，可以说日本右翼乃日本国民的别动队。

日本思想史学者丸山真男曾有如下断语:在战前日本的法西斯主义时期,除了“极少数的异端分子”,日本全体国民都是右翼。二战后,随着“极少数左翼势力”登上政治舞台,日本学者对“全体国民都是右翼”这一点似乎讳莫如深。正因为如此,日本新生代的思想史学者已经开始重新审视右翼思想资源,以求在“右翼的日本”这一真实的历史处境中挖掘“日本的右翼”在政治生活中的真实含义与作用。

(原载于《东方早报·上海书评》2010年12月12日)

八

大正民主主义：神话与现实

日本学术界有“大正民主主义”一说。许多论者论述说，由于昙花一现的民主堕落为邪恶的极权，日本走上法西斯主义的不归路。不过，将一部分历史事实归功于民主，将剩余部分算在法西斯主义的账下，这种写法一定让许多人皱眉头。民主固好，极权本恶；然而套用到近代日本身上，论者当三思而后行。那么，“大正民主”的积极意义究竟在何处？

自从1954年日本历史学家信夫清三郎在其著作中首倡“大正德谟克拉西”（大正デモクラシー）这个说法以来，这个本来是“造语”即作者创造的新词随即隐瞒了出身，若无其事地在日本历史学界扎根下来。这个新词的主要含义是指日本的“民主主义”开始于或者兴盛于大正年间，而后遭到了挫折。其实，这个词能迅速获得接受，与“战后民主主义”这个说法密不可分——1945年日本战败后，在美国的主导下进行的一系列民主改革被称为“战后民主主义”。这种说法引起了对帝国战败耿耿于怀、对美国主导日本政治改革的日本士人的不满,因为它将“民主”这个“好东西”的起源拱手让与了他人。于是乎,有人抨击“战后民主主义”这个说法是“反日史观”“自虐史观”的结果,纯属子虚乌有的捏造。与此相应的观点则是,日本的民主主义并非外来,而是自我孕育发展而成。由于这一背景,除个别的历史学家因其内容暧昧而提出些微的质疑外,这个新词获得了超越左右政治立场的普遍的、国民性的认可。

不过,日本学界对“大正民主”更为实质性的接受原因何在?日本历史学家为何不干脆叫“大正民主主义”,而是用了音译的“大正德谟克拉西”?追溯其思想史,大家都会注意到启蒙思想家吉野作造提倡的“民本主义”。民本主义与民主主义的含义迥异,如同霄壤,这里暂且不论。后世人们解释说,借助“民本主义”这一说法,吉野将民主主义的理念呈现了出来,而这种对民主主义的包装起因于明治二十二年(1889)颁布的《大日本帝国宪法》:由于该宪法规定了“天皇主权”,而非民主主义所指的“主权在民”,“民主主义”成为思想禁忌。——这种“事后聪明”的说法可能比吉野本人还准确,但,这又如何?因为历史的事实是:自明治二十二年以降,日本政体一直是天皇制民主主义;昭和前期的军国主义,实与民主主义无关。另外,军国主义之残暴,更体现在对外,而非对内;换言之,军国主义可能与民主主义和谐共处。“民主到极权”,并不能准确刻画日本政体的变化与实质;此极权非彼极权也。

诚然，帝国宪法在理念上并不承认主权在民，但这并不重要；这种理念无法掩饰的事实是，帝国宪法规定了帝国政治的分权制度。比如宪法第三章明文规定"帝国议会"由贵族院与众议院构成，前者成员依据贵族院令选任，后者则依据选举法公选。更重要的是，司法权以天皇的名义被委任给法院，从而确立了司法权的独立。从"法权"意义上说，帝国宪法铺就了此后民主的路基，尽管此路基尚未牢固。这也正是大正时期日本"护宪运动"的依据。

那么，后来的学者，比如丸山真男率先分析的"日本法西斯化"拐点何在？作为第二次护宪运动的结果，1925年加藤高明内阁通过了《普通选举法》，扩大了选举权；"大正民主"的倡导者们似乎找到了不容置疑的证据。然而，他们没有注意到，与选举法配套的《治安维持法》同样在这个"民主"的内阁成立，而这才是生死攸关的政治时刻。

这是因为，该法最初针对宣扬赤化的无产阶级政党与左翼势力，旨在保卫神圣不可侵犯的"国体"；然而随着左翼的崩溃，民主主义者与自由主义者的思想与言论成了该法狩猎的目标。没有了自由，尤其是言论自由，在举国一个主义、一个指导思想的引导下，已然成为乌合之众的市民与无产者统统被裹挟到了军国主义体制中。这样我们也就明白，本来是明治宪政体制下的主流学说、指导思想的"天皇机关说"，为何到了1935年开始成为政治事件。

被誉为现代三大社会理论家之一的马克思曾指出："没有出版自由，其他一切自由都是泡影。"其实，没有了自由，民主或许还是民主，但绝不会是“民望之,若大旱之望云霓也”的民主,后者的真名乃是自由民主。在这个意义上,与“大正民主主义”相比,“大正自由主义”这个说法或许更能彰显这个时代的政治意义。

(原载于《东方早报·上海书评》2011 年 3 月 13 日)

九

日本模式论的历史教训

一

在多数读者、学者以及评论家的眼中，第二次世界大战后日本现代化的成功构成了一种特例。于是人们追问，日本为什么会成功？在这种问题状况当中，形形色色的“日本模式”“日本道路”“日本特色”论登场，用以揭示日本的卓异之处。不过，意味深长的是，日本学者反倒鲜少进行这种论述。将这种自我表白欲望的匮乏归根于日本谨慎的国民性格，可能会让部分读者颔首道“原来如此”。然而遗憾的是，没有什么比这种文化论的解释更迷惑人心，也更不得要领了；其理由并不复杂。

早在 1940 年代初，随着日本帝国的势力膨胀到巅峰状态，帝国知识精英的眼界脱离了现代化建设的伟大成就；他们将一种明确的、具有世界史规模的抱负赋予了自身。表现在思想上，那就是有名的

“近代的超克”论。“近代的超克”是指日本帝国通过与英美开战并战而胜之,彻底克服虽然危机深重、但仍处于统治地位的近代西洋文化,进而开创新的文化。1942 年 7 月,日本文艺评论家河上彻太郎主持召开知识界的战争协力会议,会议的主题就是论述日本进行这种“超克”的必要性与正当性;日本哲学重镇京都大学哲学系的数位俊杰参与其中,因而影响甚巨。杂志《文学界》于同年 9 月、10 月号分别刊登了与会者的论文。翌年 7 月,出版了题为“近代的超克”的单行本。

在那些帝国精英看来,明治改元(1868)以降日本的成功正是日本独特的发展道路与方向的全面呈现。在强烈的使命感的驱使下,这种自我认识登峰造极:日本的成功被塑造为具有人类普遍意义的无所不包的模式,这种模式将克服并取代迄今为止的西洋近代社会的生活样式。太平洋战争爆发后,当时如凤毛麟角的左翼知识分子如竹内好(1910—1977)者流,亦一扫此前落寞的情绪,在“时间开始了”的憧憬与欢呼中,感到了由衷的安慰。

让帝国精英诧异的是,这种可能创造历史的契机竟然如昙花一现般消散。1945年8月15日,日本宣布战败后,这些心比天高的精英们先是失魂落魄,但随即开始了自责与“悔恨”;他们开始反省日本为何失败——这种“悔恨”如此痛彻,以至于他们无法为自己此后的成功寻找特殊的理由。“近代的超克”论成为日本历史上最具蛊惑人心的思想与学术泡沫。

二

显然,“近代的超克”在理念、抱负与使命感上远远超过了此前作为日本民族主义自我表达的“日本主义”“天皇主义”“亚细亚主义”等思想,成为帝国意识形态的最高凝结,因而也可以概括为“日本模式”论的最高形态。然而,它却不是最终形态。随着1950年代中后期开始的“经济高速成长”,日本再次成为现代化的优等生。西方学者也再次投来了好奇的目光:日本为什么会成功?人们开始从政治、经济、文化等多角度进行解释。比如,文化角度的“儒教资本主义”论、企业经营角度的“年功序列”与“安定株主”论、政治角度的“自民党独大”论、行政学角度的“官僚主导”论与“产业政策”论、经济体系角度的“战时体制(1940年代体制)延续”论、历史角度的“江户时期发达”论等纷纷登场。

然而,这些大致可以概括为“日本独特论”的思考方式有着共同隐性的前提:它们均以某种“西洋特殊主义”为出发点。我们知道,思想界有“西洋中心主义”的说法,它是指将西洋视为“普遍”、“真理”乃至“道路”与“阳光”的思考方式;“西洋”成了伟大、光荣、正确的代名词。然而,殊不知这恰恰是一种“西洋特殊论”——近代社会的诸种普遍现象被视为源于“特殊的西洋”。结果,不同于这种“特殊的西洋”的日本具有了更为“特殊的”性格。日本这种“特殊性”的双重结构在复杂的政治、经济、文化与心理结构中纠缠在一起,就有了传统意义上的“西洋中心主义”的效果。于是,日本社会的各种经验与理念统统被塞进了这个“普遍的西洋—特殊的日本”的框架中。这种思考方法看似可以解释一切,实际上却没有真正解释任何问题。

正因如此,这种强调日本“特殊”的论述,一旦它意识到上面所述的西洋在普遍面前的“特殊”,也就开始自我解体了。试想,如果西洋的近代仅仅是人类普遍现象的一种展现,如果日本的近代亦同样如此,那么任何形态的特殊论,无论是“西洋中心主义”还是“日本例外”,不都是肤浅的观念吗?不客气地说,在难以理解的“普遍”事象面前驻足不前,通过把自己视为“中心”或“特殊”而获得心理上的安全感,这无非是缺乏知性诚实与勇气的征候与象征。在这个意义上,如果“日本模式”这个说法还有意义,那么它只能意味着,日本以追求社会发展的普遍主义方式,获得了成功。从结论上说,健全的民主政治、市场经济与市民社会这些人类社会的普遍机制保证了日本的发展。

第二次世界大战后，日本在美国主导下进行了包括农地改革、财阀解体、宪法制定等一系列民主化改革，最终促进了上述普遍机制的成熟。不过，这并不意味着美国在“日本的成功”中的角色不可或缺。事实上，随着明治国家的建立，一种基于普遍主义的现代化之路就已然得到了奠基，那就是法治国家之路。对这一点，明治时代的日本精英显示了令后人惊异的远见卓识。这里仅举一例。

明治天皇的股肱重臣、先后两次出任内阁总理、启蒙刊物《新日本》《大观》的主办者、早稻田大学的创立者大隈重信(1838—1922)在其主编的《开国五十年史》[1]中，对明治日本的文明进步做了这样总结：“此其进步欧美文明有以激之使然者，盖出于外交之赐也。日本民族久染于封建割据之俗者，忽发挥其国家之观念，而列于世界邦国之班，此非外交之效何？”[2]在短短几行字中，大隈先后两次强调的“外交”究竟为何物？其实，它并非当下狭义的“外交关系”，而是指通过对外交往与开放，学习并吸收先进的欧美文明，努力做到与世界同步。

在大隈看来，明治日本最重要的举措就是确立了法的统治秩序。他写道：“维新以后法典之编纂其故盖有二。一则出于对外之关系。国民知识渐开，不能容忍约章中所贷治外法权之凌辱也。”“二则出于国中之情势……其间治务家有鉴于世界之大势，而认识成文法典之价值，而法律思想乃大发达。宪法已宣布而标榜以法治之精神。于

1　刊行于1908年；中译本见大隈重信编《日本开国五十年史》，上海：上海社会科学院出版社，2007年。

2　［日］大隈重信编：《日本开国五十年史》，上海：上海社会科学院出版社，2007年，第1333页。

是一国之统治不可复由少数官吏之专意,宜编纂完善法典,构成公明之司法机关,使在日本之地者不别中外人皆受其统治。日常对人对物之行为,皆取其规准。”这种立国治国务本的法治国家之路,可谓纲举目张,因而在内政外交上成果斐然:“日本发愤于外邦之文明,改其不备之习惯法而编纂成完善法典,因得约章改正之大功,是亦外交之效也。宪法及各种法典已完备……乃布自治制度,明划法规范域,而鼓励民众自主之精神,亦仿先进国之例耳。”[1]对外取得收回治外法权之功,对内确立宪政体制、培育国民独立自尊,这些正是大隈所说的“外交之效”。

法的统治秩序一经确立,日本的现代化就走上了康庄大道;未认识到这一点,或是当局者迷,或是“日用而不知”而已。比如,大隈本人在总结中情不自禁地提道,较诸欧美社会,日本“异彩有三端”,其中之一曰“阶级之调和”。大隈论述道:“凡国家遭急激变化,群会组织一经瓦解,则国民诸要素优良者恒为劣恶者所压制。徵之于各国历史,平民之勃兴多足以隳下国民之品性。日本维新之变动使封建崩解、公卿诸侯弃其特权,武士失其常职,于是秽多、非人(贱民)之辈与他阶级据法律均有平等之权。然此变动不至消灭国民善良之分子,而社会全体及由善良分子之遍布昂进而增其高度。此可知国民性之健强,而普通教育之隆兴亦与有力焉。”[2]这一段表述中重要的是,导致明治国家各阶级和谐的要素乃是“据法律均有平等之权”,而非似是而非的“国民性”使然。因此,大隈所言的“异彩”并非日本民

1 [日]大隈重信编:《日本开国五十年史》,第1334—1335页。
2 [日]大隈重信编:《日本开国五十年史》,第1337页。

族的特色，而是人类普遍的法秩序的必然结果。更重要的是，它为文明进程的持续提供了制度性的保障；“善良分子”不会遭到特定阶级基于特定意识形态的排斥乃至迫害。

正是意识到法秩序在立国中的作用，大隈在批评明治日本的缺陷时，仍然首先指向了这一课题：“国民多数法律思想之尚浅薄，众民之于权利思想漠然不明……故宪政之下有背宪之行为尚多，使识者慨叹焉。”[1]可以说，大隈及其精英同侪念兹在兹的乃是为国家确立根本的宪政制度。这一制度由于有效地规范了国家的行为方式，它为基于平等与等价正义的市场经济，为基于自愿、自发与自立精神的市民社会的生成与存在提供了制度保障。明治以降日本现代化的成功，首先是日本吸纳并实践这些人类普遍的制度的结果，而非其他。那么，人们动辄提及的“帝国主义疯狂的对外掠夺”意味着什么？明治日本的高速发展是因其对外扩张吗？其实，这种罪恶滔天的掠夺只有置于正常的，因而是具有普遍潜质的秩序之下，才能最终转换为现代化发展的积极要素。这就如同相反的情形，即正当的财富在官僚资本主义或权贵资本主义制度下无法成为社会发展的有利要素一样。

因此，明治二十二年(1889)最终确立的帝国宪法秩序，由于它吸纳了普遍人类的制度要素，为日本的现代化提供了根本的机制与保障：国家、市场与社会获得了相对自律的地位。由于这三者乃近代人类的存在性要素——它们分别关涉人类社会的“权力”“利益”与“友爱”秩序——三者中如果有一方不在或遭到压制，该社会必然是畸形

1 ［日］大隈重信编：《日本开国五十年史》，第1338—1339页。

的。昭和军国主义时期日本的疯狂,无非是国家权力无限扩张的结果。

其实,大隈已经为日本指出了健康发展的道路。他鼓励日本国民:“今复益图其进步,则宜致力于外交,自立于平和竞争之中,以接泰西文明,采其长学其善,而勇往迈进其向上之一路。”最终融合东西方文明,克服国际秩序中的现实纷争,实现“中外远近相提携而亲善雍睦,自开新天地而发挥文明之真意义……能全此重大使命者,舍日本国民又其谁也”。[1]

然而遗憾的是,后起的日本精英舍弃了这条强调和平竞争与吸收人类文明成果的自然之路,最终给人类带来了数十年的浩劫。在这个意义上,1940 年代的“近代的超克”这种强调日本独特道路、独特使命的思想与意识形态的惨淡结局无非证明,任何舍弃普遍主义要素的发展模式必然要付出代价。

要言之,由于明治日本比较成功地吸收了人类普遍主义的文明要素,它其后的成功就成为普遍主义的必然自我展开与呈现。这种普遍主义的解释,是对“日本的成功”唯一光明正大的解释。

三

那么,日本民族与文化的特殊要素是否已然没有任何价值?并非如此。每个民族都有就其长处而非短处而言的特色,因而是一种

---

1 [日]大隈重信编:《日本开国五十年史》,第 1346—1347 页。

积极意义上的特色。问题在于，如果这种特色被简单地用于论证其不同于甚至违背人类普遍共有的价值与观念，那么这种做法则让人心生疑虑，甚至让人感到面目可憎。如上所言，明治日本由于采纳了人类文明的普遍成果，取得了让世界刮目相看的成绩；然而当日本国民认定这种成绩乃是“万世一系”的“神国日本”的独特道路的结果时，等待这个民族的就是无限的深渊了。此诚殷鉴不远也。

因此，日本文化的独特要素，比如“天皇观念”等，只有用来说明这种要素是怎样促进了日本民族对人类普遍文明成果的学习与吸收，这种“特色论”或“模式论”方名副其实。在这个意义上，日本国民谈论自己的“特色”或相反自揭其短时，不必劳神担忧什么来路不明的“捧杀”之虞与“唱衰”指责，因为这种做法是谦虚的——在人类的普遍经验、在真正的人类文明、在真理面前，一个特定民族因有其“特色”而有所贡献，这又有何值得炫耀之处呢？而相反的“唱衰”一说，实则不值一哂耳。

（原载于《东方早报·上海书评》2011年5月8日）

十

政治大国与政治领袖

一

在发表于1949年的一篇题名为“军国主义支配者的精神形态”的论文中,政治思想史学者丸山真男通过分析东京审判中多位日本政府要员的供词,得出了一个著名的结论:战前日本的法西斯统治是一个庞大的“无责任体系”。丸山指出,在天皇制意识形态的统治下,神圣不可侵犯的天皇及其神国“国体”(即政体)构成了绝对的伦理价值,进而成为支配日本政治运作的“精神起动力”。在政治生活中,由于维护政体颜色不变的目标成了压倒一切的任务,政治家获得了特殊的免罪符——任何政治家都可以拿维护“国体”说事。由于对国家与民族的忠诚被还原为对特定政体的忠诚,真正的政治家所不可或缺的责任感萎缩为一种狭隘的、特殊主义的意识形态。因此在丸山看来,这种政治体系必然导致日本陷入军国主义的深渊,并最终一

败涂地。

丸山的这篇论文在日本战后思想史中影响深远，“无责任体系”这个说法成为理解日本近代政治运作机制的秘钥。受其学说影响，日本内外的许多学者致力分析这种体系的历史形成及其在各个领域的表现。值得注意的是，在政治学者安世舟的新著《漂流的日本政治》[1]中，该说法再次得到引述，用以解释战后日本政治精英补充机制的缺陷——现代日本政治体制缺少作为“舵手”的“领袖型政治家”，亦即缺少政治领袖。

随着1955年日本自由党与民主党两大保守主义政党合流为“自

1　[日]安世舟：《漂流的日本政治》，高克译，北京：社会科学文献出版社，2011年。

民党”,并开始长期执政,日本形成了所谓的“55 年体制”。安世舟指出,这种体制乃是 1940 年代前期战时全体主义体制,即“1940 年体制”在自由民主主义制度架构下的翻版,因为占据这个体制制高点的正是那些被解除了驱逐令、重新回归政界的旧日本帝国的官僚。由于这种体制的连续性,丸山真男的分析获得了现实意义:它可以用于解释战后日本的政治现象。不过,由于日本在“55 年体制”下取得了卓越的成绩,人们更容易关注它的优点——日本行政官僚而非政治家对政治生活的出色指导,亦即“官僚主导”,被认为是日本经济发展的主体要因;美国学者查默斯·约翰逊的《通产省与日本奇迹》,堪称这方面的代表作。相应地,该体系的弊端遭到了淡化与掩饰。

1990 年代初日本泡沫经济崩溃后,日本学者开始重新检讨“55 年体制”的问题,于是,与这一体制相辅相成的“官僚主导”又成了罪魁祸首。将日本社会的一些弊端归结于官僚机制,进而宣称必须进行改革,这几乎成为日本朝野各党诉诸民意时的共通手段。在 2009 年 9 月的大选中,日本民主党正是打着恢复“政治主导”而上台执政的。在政治学者的分析中,日本缺乏领袖型政治家,正是这种制度运营的必然结果——在官僚主政的日本政治中,日本的意志决策方式是由下而上的,很难看到那种以自上而下的方式作出的决策,因而也就鲜少见到政治家进行政治决断的情形。

不过,日本无法产生政治领袖的要因并非仅仅是国内政治的结果。安世舟通过引述学界关于“高级政治”(high politics)与“低级政治”(low politics)的区分,指出前者在日本政治中的不在场是另一要因。在政治学中,一国对外行使的国家权力,包括外交、国防与战争等被称为“高级政治”。德意志第二帝国的宰相俾斯麦就是娴熟运用这种高级政治的政治家；明治时期的日本诸位首相亦是这种擅长高级政治的领袖人物。与此相对，国内政治领域被称为“低级政治”，在发达资本主义国家中，其主要内容是对多元的利益集团之间的利害关系进行调整。

由于二战后美日两国结成“安保体制”，日本涉及国防以及与此相关的重要外交事务均委托给美国，结果“总理大臣，以及外相、防卫厅长官（2007 年由厅升格为省后成为防卫大臣）等便失去了拼命一搏、施展才能的机会。因而，领袖型政治家也就无从得到锻炼”[1]。这就是说，没有作为“高级政治”的对外政治，战后日本必然无法产生政治领袖。这样一来，日本学界对政治领袖的渴望乃至呼唤就隐含着实质问题：为获取从事“高级政治”的自主权力，日本必须摆脱二战后形成的美日安保体制。实际上，这也正是前首相中曾根康弘在 1980 年代初提出“政治大国”口号以来，富有抱负的日本政治家的追求目标。安世舟在该书中对现役政治家小泽一郎着墨甚多，不外乎在他身上看到了这种一贯的抱负而已。

对战后日本政治缺乏领袖型政治家的现象，安世舟没有，或许根本无法深入思考的问题是：这种现象导致怎样的结果？日本是否需要他所言的“政治领袖”？

1　［日］安世舟：《漂流的日本政治》，第 58 页。

二

首先,从国民的角度来看,没有“政治领袖”不外乎有两种结果:生活的幸福与不幸。由于战后日本确立了以“国民主权、尊重基本人权、和平主义”为原则的宪法体制,无论是政治结构的“55 年体制”还是具体执行路线的“经济立国”等,都无法根本违背宪法原则;换言之,作为人类普遍文明的宪政制度在战后的日本开花结果。比如,经济建设如果与国民的权利发生冲突,那么前者就会丧失正当性。可以说,生活在“自由且民主的基本秩序”下的日本国民,正享受着人类迄今所能达成的精神文明与制度文明的结果。

如果将日本国民的生活状态暂定义为社会的幸福,那么,日本政治是否缺乏领袖就无关宏旨了。这是一种以国民为本位的看法。实际上,这也正是生活于自由民主制度下的国民对“政治领袖”的常识看法。如果政治人物无益于国民实现自己真实生活中的利益,那么这些人物根本无法通过选举问鼎政治,遑论成为什么“政治领袖”了。这是一种真实且朴实的观念。在这个意义上,如果说现代日本缺乏政治领袖是事实,那么顺理成章的结论就是,日本国民并不需要那种以从事“高级政治”为鹄的“政治领袖”。前面提到安世舟“或许无法根本深入思考”政治领袖问题,就在于这种制度对生活在其中的人而言是透明的——人们对该制度的美善日用而不知,认为一切皆理所当然。就此而言,当日本政治被批判为“伪装民主主义”“观众民主主义”时,我们切不可望文生义、照单全收。这种对日本现存民主制度的批判,其主旨在于进一步完善这种制度,而非反向证明要抛弃、否定这一基本制度。

与上述情形相反,如果国民生活在不幸的状况中,那么对“政治领袖”的渴望就是人之常情。人们渴望出现一位伟大的政治人物,带领人民拨乱反正、确立新秩序、走上通往社会幸福之路。当然,人们还渴望这种寻求社会幸福的制度保障。否则,一旦“政治领袖”退场,人亡政息的局面可能随之而来。更重要的是,如果没有健全的制度保障,“政治领袖”动辄堕落为独裁者,甚至给国民带来深重的灾难。就比喻意义而言,在技术高度发达的时代还高喊“大海航行靠舵手”,显得格外无知。

这样看来,日本政治家与政治学者进行的“敲打官僚”的是非就值得重新审视,因为在他们看来,官僚主导政治的现象导致了民主主义名存实亡——并非是作为民意代表的政治家,而是作为国民仆人的行政官僚决定了事关国民的政治决定。然而,这种逻辑似是而非。一方面,它是在教条上,而非在实质意义上理解民主主义制度;另一方面,这种批判完全无视日本近代以降官僚制度的实际运作状况。事实上,源于明治时期“天皇的官吏”的现代日本官僚制度,它在运作效率与廉洁程度上出类拔萃,为世人所称道。在其发展过程中,并未出现过一些发展中国家官员恬不知耻的贪污腐败、权力毫无节制地滥用等司空见惯的现象。当然,这并不意味着日本官员在国民性上天然高人一筹,因为官员的出色表现首先得益于明治日本的基本制度——明治日本确立了基本的宪政制度,行政权力在技术上得到了必要的监督与制衡。

因此,日本政治缺乏“政治领袖”可能导致的消极后果,归根结底体现在对外行使国家权力的问题上。如安世舟所言,“处于日美安保体制之下的日本政治家,即使想成为领袖型政治家,从客观上讲也是不可能的”。然而他没有触及的本质问题是,日本再次进入国际政治领域、进入诸国家权力斗争领域,这意味着什么?

恢复作为国民国家的全部主权,这其实是二战后日本政治家面临的实质性课题。战后日本的第一代政治家充分利用国际形势的变化,相时而动,成功地克服了战败的危机。随着《旧金山和约》(1951年)、《美日安保条约》(1960年)等对外条约的签署,日本确立了追随美国外交政策的路线。日本迅速恢复并发展为屈指可数的大国,可以说与战后日本第一代政治领袖高超的政治技艺密不可分。

不过,随着1980年代末冷战体制的解体以及1990年代初海湾战争的爆发,日本寻求成为“普通国家”“政治大国”的呼声日甚一日。问题在于,脱离美日同盟是否会带来国家利益的最大化?精于国家利益计算的日本政治家似乎不愿轻易下结论。值得注意的是,美国政治学者塞缪尔斯注意到,有部分日本精英认为“中日和解对华盛顿来说可能是噩梦,但对中日双方来说却将带来难以计算的利益,对整个地区,甚至对美国来说也是如此”。更重要的是,“许多美国人也这样认为。”[1]换言之,从外部看来,日本脱离美日安保体系可能实现更大的国家利益。那么,为何当下的日本政治家对此疑虑重重?

事实上,近年日本试图在美国和中国之间走一条中间道路,2009年8月底,即将问鼎首相宝座的鸠山由纪夫在《纽约时报》上曾撰文

1 参见[美]塞缪尔斯《日本大战略与东亚的未来》,刘铁娃译,上海:上海人民出版社,2010年,第272页。

表达了这一理念。这条路能走通吗？日本政治家对此无法预期。在他们看来，最糟糕的结局莫过于，日本被重新纳入以中国为中心的东亚国际政治体系。日本政治家无法忍受看到，明治维新以后方逐渐确立的“对中自立”格局的瓦解——毕竟，历史上在强大厚重的中华文明影响下，达成这种“对中自立”对日本政治而言乃是不朽之功业。在这种“自立”的心态下，日本政治精英几乎出于本能地对“中华”“中华思想”抱有反感。如果考虑到这种国家利益的观念，那么脱离美日同盟而再次接受中国势力的影响，成为中国的附庸，这不啻一种梦魇。近年有日本政治家未雨绸缪，开始讨论如何继续实现“对中自立”的问题，不外乎出于上述国家利益的计算。

另一方面，如同 2006 年 9 月前首相安倍晋三在内阁就职演讲中表示的一样，日本必须“受到全世界的信任、尊重和热爱”。这可以说是对其先辈们的“普通国家”“政治大国”的另外一种表述。要获得这种“信任、尊重和热爱”，二战后的那种依附于美国的国际政治格局无疑是最大的障碍。在这种结构中，如果说人们还有“信任、尊重和热爱”可言，那么它只能是指向美国的；留给日本的可能只是令政治精英倍感尴尬的漠视乃至无视。

因此，在日本的国家利益中，除了维护安全与繁荣这一明确目标，更有隐性的精神层面的考虑。那么日本如何在当下状况中实现国家利益最大化？这个问题的解决或许有待于伟大的“政治领袖”的出现。

要注意的是，上述分析仍必须置于日本政治语境中加以理解。因为从外部看来，景象可能殊异：迄今为止日本在“高级政治”上追随美国的策略,正是使得日本实现国家利益最大化的路线。如前所述,战后日本自由民主体制日臻完善,实现了长期的和平与繁荣,国民享受着人类文明迄今达成的绝大多数成果。在追随美国的“高级政治”,亦即政治决断的意义上,迄今为止的日本政治家,都是出类拔萃的“政治领袖”;现代日本政治,并无什么“漂流”可言。日本国民真正值得忧虑的问题毋宁说是,在“高级政治”上脱离美国而卷入国际权力政治的斗争,日本又胜算几何?帝国时期日本军国主义者们野心的墓地,毕竟依然清晰可见。

要言之,出现真正具有廓然远见的“政治领袖”,这对任何国民而言都是幸事;相反,如果在国民的呼唤声中私欲熏心、假模假式的“政治领袖”乘机操持了国柄,那么无论是对自己国家还是对世界而言,结果只能是灾难。

(原载于《东方早报·上海书评》2011年6月19日)

十一

《菊与刀》与世界秩序的建构

一

如果说每一部“名著”的诞生多少都有些传奇色彩,那么作为文化人类学的经典名著,《菊与刀》的这一特征尤其突出。

著者鲁思·本尼迪克特早年毕业于美国名女子大学瓦萨尔学院,学习英国文学;后来进入美国社会研究新学院,在被后世誉为“文化人类学之父”、当时任职于哥伦比亚大学的弗兰兹·博厄斯指导下学习人类学。值得一提的是,在上世纪二三十年代的欧美,“人种决定论”大行其道。当时人们普遍认为,不同人种之间具有本质的差别,而这种差别又决定了文明程度的高低。针对这种本质主义的决定论,博厄斯以其人类学研究为根据驳斥了人种不变的观念,提出了相反的“文化相对主义”学说。该学说主张,异文化的价值只有从其内部的视角才能获得理解。本尼迪克特正是在这种知识氛围中开始

其人类学研究的。

由于本尼迪克特在社会研究新学院学业成绩优异,她被推荐攻读哥伦比亚大学人类学博士课程。不久,她即以北美的祖尼族神话为题材,撰写了博士学位论文。毕业后,她出任哥伦比亚大学的讲师;1937 年,她成为该校第一位获得副教授职位的女性。1948 年她晋升为教授,但天不假年,不幸于同年 9 月辞世。

第二次世界大战后期,受美国政府战时情报局的委托,本尼迪克特开始了日本研究。战时情报局成立于 1942 年,是一个以进行"白色宣传"为宗旨的、进行心理战的机构。"白色宣传"是指通过散发具有明确信息来源,因而具有高度真实性的信息,来打击敌方兵士战斗意志的宣传活动。它与消息来源不明、具有谋略性质的"黑色宣传”相对。因此，本尼迪克特受邀进行的日本研究工作，最初就有明确的战略与战术目的。1944 年 8 月，战时情报局新设“外国军民士气分析班”；9 月，本尼迪克特成为该研究班的兼任研究员，同样进行日本方面的分析工作。

由于无法进行人类学研究必不可少的实地调查，本尼迪克特不得不动用一切手段收集资料。最终，她依据包括“传说、电影、对美国国内的日裔居民及日本战俘的采访、（日本）研究作品、新闻记事、广播节目、‘好事者的文章’、小说、议会演说、军事情报局的报告书”等在内的资料，探究了日本文化的独特性。1944 年她完成了研究报告，并于两年后出版了以该研究报告为基础的本书，题名为“菊与刀：日本文化模式”。该书出版后，在美国官员、知识阶层乃至一般民众中引发广泛反响，被认为影响了二战后美国的对日占领政策。迄今为止，该书仍是美国大学众多文化人类学专业的必读作品。

有趣的是，本尼迪克特当初认为，本书的寿命大约是十年——真正的学者首先考虑的是自己研究的局限与不足。本尼迪克特或许清楚该书因资料方面的局限，可能夹杂着对日本文化的误解，因而有此一说。然而时至今日，该书仍被读者持续阅读，可以说远超著者预想的时效，而且读者亦远超出了英语文化圈。本尼迪克特未曾预料到的是，无论该书里面有多少“误解”——不少后世学者对这一点耿耿于怀，美国政治精英却正是依据这样充满特定“误解”的日本认识，制定了包括“象征天皇制”在内的对日占领政策，这种政策也正是战后日本的出发点。可以说，本尼迪克特以自己在文化人类学领域的学术研究，出色地塑造了当时美国的日本认识，进而影响了战后美日关系框架的形成。在这个意义上,《菊与刀》参与了战后世界秩序的创建。

因此,《菊与刀》这种独特的出身及其政治作用非但使其成为人类学领域的必读书,还使自己成为战后美日国际关系史中的关键文献。在美国的世界认识与世界政策的制定过程中,这部著作起到了不可替代的作用。毋庸说,这是学者无上的荣光;《菊与刀》成为这位伟大学者的墓志铭。

二

然而,《菊与刀》的故事并非仅限于此;在该书的对象国日本,它演绎的传奇别开生面。1946 年 11 月该书出版后,驻日本盟军最高司令官委托日本学者进行翻译。两年后的 1948 年,该书由日本学者长谷川松治完成翻译并出版,随即引发日本国民的阅读与讨论热潮,并多次再版。1967 年,译者重新修订了译文,作为“现代教养文库”的一本,由社会思想社出版。2005 年,日本著名的“讲谈社学术文库”取得版权,继续出版发行。2008 年,日本光文社将其作为“光文社古典新译文库”的一种,出版了由角田安正翻译的新译本。角田是日本防卫大学的教授,专攻俄罗斯研究。据“译者后记”所言,这位俄罗斯专家翻译《菊与刀》的契机正是该书新近出版了俄语译本。不过,该版本腰封上写的“盼望已久的新译!”更让读者注意乃至感慨:时隔六十年后,日本第二个版本终于姗姗来迟。

与版本稀少的状况相比,该书发行量似乎更能说明问题——截至2008年角田的新译本出版时为止，据统计，长谷川松治的译本发行量超过了两百万册；该书对日本国民的影响由此可见一斑。

实际上，早在1947年，日本学者鹤见和子就在左翼刊物《思想》(4月号)上率先发表书评《〈菊与刀〉：美国人眼中的日本道德观》，向日本学界介绍了该书的主要观点。《菊与刀》日译本出版后，日本知识界开始了对它历时漫长的评论、讨论与研究，迄今不绝如缕。在1950年《民族学研究》(第14卷第4号)特刊中，当时声望如日中天的数位学者，比如民俗学家柳田国男、哲学家和辻哲郎、汉学家津田左右吉等纷纷发表评论，盛况空前。其后，直接或间接讨论该书的论文与著作层出不穷。比如作为单行本，在20世纪80年代出版有《日本文化论试论：阅读本尼迪克特的〈菊与刀〉》，90年代出版有《〈菊与刀〉的新解读方法》等。

另外，外国学者研究《菊与刀》的作品也得到了日本学者的关注。比如，美国学者道格拉斯·拉米斯的批判性著作《内化的外国——〈菊与刀〉再考》(1981年)得到了翻译出版。在该书中，拉米斯批评本尼迪克特仅凭借诗人的直观写作，因而认为《菊与刀》不是根据确凿的学术研究作品。拉米斯还率先指出本尼迪克特犯了“自民族中心主义”的错误；在这个意义上，他被认为早于后来大名鼎鼎的文化批评家爱德华·赛义德开启了此后以揭露“自民族中心主义”为主旨的文化研究的先河。拉米斯的观点在日本引发了正反两个方向的争论，至今不休，但否定性的意见居上。

其实，日本学者对《菊与刀》的内容褒贬亦始终不一。比如，作为批评性的观点，前面提到的和辻哲郎指出，如果给“日本人”加上限定,诸如“日本军人的思考方法”“日本俘虏的思考方法”等,那么本书所说的“日本人集团”就可以获得一定程度的理解与认可。然而,该书将历史、地区、集团、阶层等因素一概排除在外,采取了一种整体主义的视角,讨论了一般化的日本人,因而书中的“日本人的思考方法”“日本文化的类型”这些说法就过于暧昧了。这种批评颇具有代表性,毕竟,任何对一般化的“日本人”的描述都很容易将现实中的个体脸谱化。

在众多的研究与评论中,森贞彦的解读尤其值得关注。在2002年刊行的《〈菊与刀〉新探》中,他分析了日本学者对《菊与刀》的各种典型误解,进而对该书进行了全面的辩护。比如,“菊”被解释为“掩饰起来的意志的自由”,而“刀”则象征着“自我责任的态度”。在接下来2003年出版的《孤儿〈菊与刀〉的感叹:学界巨头们犯的大错》中,作者将柳田国男、和辻哲郎、津田左右吉等学术巨人的评论放到了显微镜下,将他们的错误条分缕析。在他看来,这些巨人们仍未真正理解作者的本意。2004年,他继续推出新著《日俄战争与〈菊与刀〉:历史的新视点》。他依据自己对《菊与刀》的解读,以著名作家司马辽太郎的小说《坂上之云》为主要资料,重新分析了日俄战争中一些著名人物的行为方式。他认为自己依据《菊与刀》开发了一种新的历史分析方法,因而看到了迄今为止历史学家、社会学家所未见到的一面。2010年,作者再接再厉,出版了长达千页的《〈菊与刀〉注解》,完成了全新解释,并将日本的《菊与刀》研究推向了高峰。

这里要强调指出的是,一部由外国人撰写的讨论日本文化的著作持续得到日本学者的关注与讨论,这本身就构成了一种独特的日本文化现象。可以想见,《菊与刀》的传奇仍将在日本继续展开。

三

那么,演绎上述《菊与刀》传奇的要因是什么?或者说,这部作品得以流行的奥秘何在?除了上面提到的本书独特的出身这一要因,我们可以从以下三个方面进行说明。

首先,本书书名与文体具有独特的魅力。据称,这本书本来打算命名为《莲与刀》,但本尼迪克特最终还是将其定为《菊与刀》。这一改动中,作者进行了怎样的考量,我们不得而知,但其结果却显而易见。在出版商、后世学者对该书的内容简介中,人们通常会看到"菊花象征着风雅,刀象征着杀伐"的说法。稍微具体地说,菊花是日本皇室的家徽、优美的代表;而刀是武士道的象征,意味着勇气、征伐、忠义、名誉。它们被用以说明构成日本文化矛盾的两极。不管这种说法是否准确,菊与刀的并置构成了一幅强烈的视觉画面却是事实。

另一方面,本尼迪克特虽然以学者闻名,但在20世纪30年代初期之前,她以笔名Anne Singleton发表了许多诗作,是一位出色的诗人。《菊与刀》中的语言细腻、平易、优美,而非如一般学术著作那样因充满生硬的术语而让人正襟危坐,甚至敬而远之,这与作者的诗人性格不无关系。这种文笔风格进而与书名强烈的表象相得益彰,给作品营造了浓厚的感性气息。

当然,由于人类学的作品通常以异民族的文化与社会为研究对象,为作品添加一个可以引发对这种异文化的想象的标题,也是题中之义;而“菊花”和“日本刀”对西方社会而言恰恰构成了具有浓厚的异国、异族风情的象征。因此,西方世界的读者首先会产生阅读欲望:它们与日本文化有何关系?当这种联想效果浮现后,可以说书名《菊与刀》就出色地发挥了它的价值。

无需说,书名与文体的特异性只是成功地抓住了读者的视线,而书中的内容才是真正激发读者关注与讨论的主要因素。在这个意义上,《菊与刀》探讨的主题由其副标题揭示了出来:“日本文化的模式”。这些文化模式体现在日本人表面上相互矛盾的行为方式上。比如,日本人一方面彬彬有礼,另一方面尊大不逊;一方面墨守成规,另一方面开拓进取;一方面在菊花艺术上追求尽善尽美,另一方面崇拜武力,视武士为至高的荣誉……在欧美读者看来,日本民族的这些思想、情感与行动充满着不可理喻的矛盾。然而在著者的笔下,它们被编入到一个前后逻辑一贯的行为方式中,这种行为方式的基础也就是“文化的模式”。在这个意义上,《菊与刀》的主题无关风雅与杀伐。

在后来日本读者的解读中,这种文化进一步被概括为“耻感文化”,并与欧美世界的“罪感文化”形成了对照。该文化虽然与日本森严的等级秩序息息相关,但人们对其尊重有加,因而“各得其所”。最终,在“恩”“义”“忠”“诚”等特定观念领域中,日本国民日常生活的喜怒哀乐、爱恨情仇得到了合理的展现与说明。

由于本尼迪克特大胆地对日本文化进行了抽象化的表述,这成为后世读者、学者争论不休的根源。赞同者对她的文化模式分析深以为然,感觉茅塞顿开,借助本书的分析,日本文化得到了相应的定位;与此相对,反对者针锋相对。比如他们认为“羞耻感”并非日本文化的基调,而“罪恶感”亦非欧美文化的底色。在何谓“日本文化的模式”这一点上,众说纷纭,莫衷一是。不过,有一种观点值得读者注意。

前面提到,森贞彦在其一系列《菊与刀》的解读中,出任了本尼迪克特的特别辩护人,对《菊与刀》的主旨进行了全面解释与辩护。在他看来,在理解《菊与刀》时,有必要特别注意两点:第一,“文化模式”并非是人们意识领域的事物,而是一种在无意识层面发生的信息处理体系;第二,人类的集团生活具有超越个体意志的意志。本尼迪克特所言的“文化模式”,正是这种国民性的,因而超越具体个体的行为倾向与方式。换句话说,“日本文化的模式”可以用于解释日本具体国民的日常与非日常的行为,但它并不是具体国民的行为与文化本身。站在这个角度,森贞彦赋予了《菊与刀》最大的赞辞:它开辟了日本文化研究的新领域,堪与伽利略的《关于托勒密和哥白尼两大世界的对话》、达尔文的《物种起源》媲美。

森贞彦可能有“高推圣境”之嫌,这里暂且不论;不过他注意到的“集团生活的意志”,倒是理解《菊与刀》的一个视角。他特别指出,在日本读者中,能认识到“文化模式”(patterns of culture)与“文化类型”(types of culture)差异的人甚少,这是导致人们对《菊与刀》的大多数误解的根本原因。在他看来,两者的最大区别是,前者属于人们无意识领域的行动倾向与方式,而后者则是对人们在意识领域中各种行为的分类。这种解释的依据正是本尼迪克特在 1934 年发表的学术著作《文化的模式》。

当然，上述观点仅仅是诸多解释中的一种，并非《菊与刀》解读的最终版。不过，这些解释将《菊与刀》研究引向深入，却是不争的事实。可以说，正是这种在学术上锱铢必较的严谨治学态度，成为《菊与刀》持续获得关注，因而继续其传奇的第二种要因。实际上，文本层面的研究在日本已经全面展开。譬如，本尼迪克特具体利用了哪些日本研究资料，观看了哪些当时的日本电影，对具体的日本研究资料进行了怎样的引用，这些都获得了考证。从结果上说，由于《菊与刀》成为学术研究的对象，这直接促成了它的持续流行。

不同于上述两种要因，日本知识界特有的"日本文化论"，亦称为"日本人论"领域的高度发达，则构成了《菊与刀》流行的第三种机制。如同日本著名社会心理学者南博在其著作《日本人论》中坦言的一样，"世界上没有比日本人更爱好自我定义的民族了"。这种"自我定义"也就是日本知识精英与民众对何谓日本人、何谓日本社会、何谓日本文化的说明与讨论。由于这种讨论正是日本民族的一种自我意识的表达，一部由外国学者，尤其由美国学者撰写的同类作品在二战后的混乱时期出现，可谓恰逢其时。

读者诸君可能会问，为什么日本民族偏好"自我定义"。对于这个颇为宽泛的问题，这里只能在宽泛的意义上指出一种可能的原因——日本社会先后经历了两次外来文明，即隋唐时代的中华文明与近代的欧洲文明的全方位影响，这种源于外部的影响导致了强烈的自我意识的生成。尤其是近代以降，几乎是一帆风顺的现代国民国家与现代化建设的进程，急剧改变了传统日本社会的风貌。当这个民族稍有余裕驻足回首时，一种更为急切的自我确认的心情便油然而生。事实上,今日的多数日本学者都注意到中日甲午战争及其后日俄战争在建构现代日本民族自我意识上的作用,而"日本文化论"方面的著述,也正是在这两个时期大量产生的。

值得注意的是,无论是对日本民族优点的阐述,还是对自身缺点的指摘,这些通常充满高度自我反思意识的论述事实上发挥了独特的政治效果——近现代日本民族主义正是在上述话语空间中得到了生成与建构。

第二次世界大战后,"日本文化论"与时代的政治、社会状况相互呼应,发生了许多变化。尤其是20世纪60年代日本经济腾飞,社会进入稳定和谐的局面后,"日本文化论"从此前的自我批判主旨逐渐转换为自我赞同、自我期许的方向。在这个过程中,《菊与刀》成为日本文化论者展开议论的原点。日本学者青木保在《"日本文化论"的变迁》(1990年)中指出,如果略去1948年出版的日译本《菊与刀》,那么今天的人们就无法思考"日本文化论"。在他看来,在战败后的混乱状况中,本书的翻译出版首次从外部将"何谓日本人""何谓日本文化"等包含生活样式、价值观的问题呈现了出来。因帝国战败而苦于"心被撕成碎片"(川岛武宜)的日本知识与文化精英,或许正是在这种来自外都的呈现与解释中获得了精神的慰藉。

这样,我们看到了《菊与刀》演绎传奇的一种内在于日本文化自身的机制,即《菊与刀》在日本首先被定位为"日本文化论"的代表作,而非其他。《菊与刀》与日本国民的心灵产生了独特的耦合与共振效应。

现代日本文化人类学家船曳建夫在其著作《"日本人论"再考》

中指出,“日本人论”亦即日本文化论产生的根源在于,日本国民必须通过不断解释何谓日本人,来消解生活于现代社会中的自我意识、自我认同中的不安。由于日本的“现代”起源于西洋,这种起源的外部性格决定了日本国民自我意识的“不安”乃是根源性的,无法得到去除。在这个意义上,我们可以说,《菊与刀》在对日本文化本质性格进行说明的同时,通过各种社会机制,亦同时建构着日本文化。这里所说的“社会机制”既包括学术讨论,又包括国民的一般性阅读消费行为。

当然,如果考虑到本书在美国对日占领政策形成中的政治作用,亦即考虑到战后日本国民国家建构的出发点,那么可以说《菊与刀》已然随着日本战后改革而内化到国民的日常生活当中。换句话说,借助第二次世界大战后国际关系的重建,《菊与刀》参与了日本文化的建构与塑造。

四

让许多人始料不及的是,《菊与刀》的传奇也在中国上演。该书的第一个中文译本出现于 1987 年,书名作“菊花与刀:日本文化的诸模式”;[1] 三年后即 1990 年,商务印书馆推出第二个版本,题名为“菊与刀:日本文化的类型”。[2] 此后,商务的这个版本多次再版,支持了

1 [美]本尼迪克特:《菊花与刀:日本文化的诸模式》,孙志民等译,杭州:浙江人民出版社,1987年。

2 [美]本尼迪克特:《菊与刀:日本文化的类型》,吕万和等译,北京:商务印书馆,1990 年。

国内读者对《菊与刀》的阅读与理解。这种状况一直持续十数年。从2005年开始,《菊与刀》在中国迎来了在世界范围内亦罕见的热潮。截至2011年,已有十余家出版社推出了各自的版本,包括部分英汉对照版。另外,还出现了对该书的精读作品《〈菊花与刀〉精读》。[1]可以想见,巨大的阅读市场首先造就了《菊与刀》在中国的新传奇。

对于这股热潮的原因,许多学者都进行了分析,其中最常见的说法是,由于进入21世纪后中日关系出现的紧张局面,中国国民迫切希望理解日本社会、日本文化。这样,《菊与刀》就被视为理解日本的启蒙读物与权威读物而得到了重新的发现。与早期两个汉译本强调该书的学术性不同,新近的译本强调的是启蒙与普及。

不过,对于国人的《菊与刀》阅读热潮是否能达到预期的目的,即理解日本,人们看法并不一致。赞同者认为该书解释了日本文化的本质,因而其意义不言自明;而反对者则认为该书内容"肤浅""陈旧",加之"作者不懂日文",因而无助于中国国民理解现代日本。其实,前一种看法不够准确,而后一种看法则不值得任何意义上的认真对待。任何读者只消认真阅读一下著者在本书第一章中对研究对象与方法论进行的细致而审慎的讨论,自然就不会妄下断语;相反,读者知性的好奇心将得到激发,从而沿着不同路径进入本书的主题。限于本文主旨,这里不拟详论;这里要指出的是,本文在前面两节中描述的《菊与刀》在国际关系史、在日本文化中的独特地位,已经成为我们今天必须深入阅读该书的本质理由。

尽管如此,或曰正因如此,通过该书来认识、理解日本仍将是多

1 冯玮:《〈菊花与刀〉精读》,上海:复旦大学出版社,2010年。

数中国读者阅读的主要动机。当中国自身尚无法生产出属于自己的《菊与刀》时,我们有必要借助他山之石。毕竟,中国因其快速的成长,正在改变着世界秩序。那么,中国读者要注意什么?这里仅指出三点。无须赘言,这三点也正是本尼迪克特本人反复提醒所有读者的,或直接或间接,而非笔者独发。

第一,由于中日两国文化上的历史渊源,它构成了我们阅读该书的一道无形屏障——《菊与刀》中涉及的"修养""义理""人情"等字眼,由于文字表记的同型性,很容易让中国读者用自己的观念去轻易地替换原文,从而失去了对日文语境中这些词语具有特殊含义的敏感。换句话说,由于中日文化的历史渊源,《菊与刀》中的许多描述可能引发中国读者似曾相识之感,因此是否能读出中日文化的真正差异,对中国读者而言就成了试金石。

如果注意到意大利学界的一种说法,即"翻译者就是歪曲者",那么,我们就可以把问题意识引向深入。比如,英文原书名与日文书名的转换中出现了怎样的意义的隔绝?举例而言,20世纪40年代英语世界中的"菊"(chrysanthemum)的表象与日本文化中的"菊"(kiku)有何不同?同样,这两种表象又与汉语世界中的"菊"具有怎样的差异?这种思考并非要求读者进入深奥的语言学领域,而是要提醒中国读者:如果我们要达成阅读的目标,我们必须首先进入对象的语境中去揣摩、理解,而非横向的、从外部进行简单的语义替换。

第二,《菊与刀》为我们理解日本文化提供了一个制高点、一个方向标、一幅地图,然而,制高点、方向标与地图自身并不是日本文化。换句话说,《菊与刀》可以用于理解与解释日本文化的一些整体性现象,但由于这种理解与解释的视角具有超越历史与地域的特征,我们不能简单地认为就此可以理解日本,尤其是现代日本社会的方方面面。要深入理解现代日本,我们还要付出其他的努力——这种努力亦非朝夕之功就可奏效。尽管如此,本书由于其独特的性格,将会成为我们阅读日本时一个出色的向导,时刻为我们提供前行的路标。

第三,在进行阅读时,中国读者还须时时刻刻自问:我们是否理解我们自身?《菊与刀》中对欧美与日本文化的对比,给我们提供了许多可资利用的视角——重新审视自我的视角。毋庸讳言,一个民族只有保持清醒的自我认识、自我反思的能力,才能永葆青春;反之,它将失去滋润生命的源头活水,浑浑噩噩地迷失在社会历史的变迁与诸文明的竞争当中。中华文明进入近代后,命运多舛、数度劫灰,最终能否生生不息,端赖自己是否有清醒的自我认识。对此,中国读者诚不可不察也。

无论怎样,《菊与刀》在今天已然成为一部超越了时代与特定文化的经典性作品。这要求读者,须以阅读经典的心态接近这部作品。至于是否经由本书而对日本文化登堂入室,则全赖读者的阅读方式与努力程度了。

(原载于本尼迪克特:《菊与刀》,陆征译,译林出版社,2011 年)

十二

帝国课业：二战后美国世界政策的展开

一

1945年8月30日，美国军用飞机抵达东京近郊的厚木机场，道格拉斯·麦克阿瑟元帅踏上日本的土地，“仿佛是20世纪的拿破仑皇帝一般”。美日关系的故事情节从这一刻起发生转折：二者化干戈为玉帛，开始上演一出包含着温情、理解与敬意的交流剧目。美国精英对日本国民的柔顺感觉讶异，而日本人对美国的宽宏大量则感恩戴德。此后，双方结成“美日同盟”。这是否皆大欢喜？由于美日同盟的性格已然超乎人们的一般理解，人们对其本质及意义缺乏准确的把捉。本书《战后日本的美国软实力》[1]就给读者这样的印象；不过，它为我们洞察这种同盟关系的本质提供了不可或缺的历史素材。

1　[日]松田武：《戦後日本におけるアメリカのソフト・パワー》，东京：岩波书店，2008年。

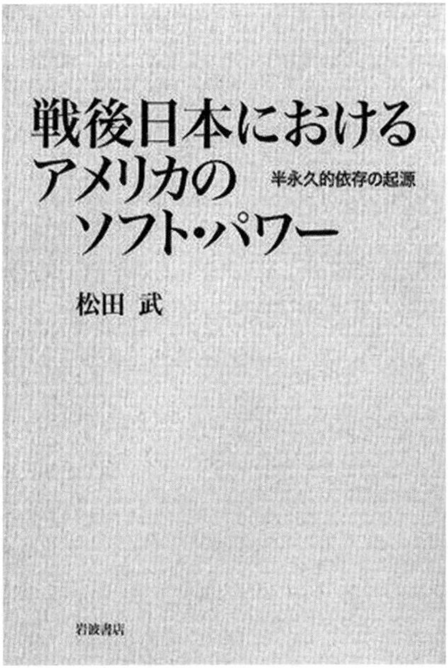

这是一部讨论二战后美国如何实施对日文化政策的著作。作者美日外交史专家松田武基于新近解密的档案资料,详细描述了占领军司令部、美国国务院、民间财团、日本学术研究机构之间的互动过程。这些互动均指向一个冠冕堂皇的目标:促进美日文化交流。在作者历史学的解剖刀下,(美国与日本)政府—财团—大学三个组织的"共生关系"得到了展现;标题中的"美国软实力"正是对这种关系的另一种表达。一般而言,在硬实力的背景下,软实力要发挥作用,还需依赖两个条件:一是学术界对对象国进行过长期研究,有大量的知识储备;二是政策制定者对这些知识的运用。二战后,美国对日政策制定者们最大限度地使用了美国的日本研究成果,从而卓有成效地发挥了自己的软实力。

作者于是得出结论,日本已经完全陷入了美国软实力的控制中,“在精神上与心理上形成了对美国永久性的半依存结构”。这句话并非耸人听闻,因为“在精神上与心理上”这个限定性描述性命攸关。这个结论究竟意味着什么?这是对美国对日政策成功的赞歌,还是对日本国民的命运与生存状况敲响的警钟?思考如果驻足在“民族国家”层面上,我们将无法获得关于“美日同盟”的本质认识。我们必须进一步拓宽视野:这里所言的战后美日关系,对于世界史、对于人类社会而言具有怎样的意义?

最近十数年来出现的“帝国”(注意不是“帝国主义”)观念,而非人们当下熟悉的“民族国家”,为我们提供了一个新视角。在新兴的观念当中,“帝国”这一人类对自身、对区域的统治秩序被认为更符合历史的常态,因而更具有解释现实的能力。

从这个角度来看,作者松田乃至为本书撰写绪言的美国日本史专家约翰·W. 道尔[1]都没有意识到的是,战后美国的日本政策正是美国的帝国课业,即规训日本的一部分。松田对美日文化交流、尤其是学术交流史的重新考证,仅仅停留在这一教程的实施细节上。由于没有将帝国课业这一真正具有政治意义的视角表述清楚,他陷入了对一些似是而非的观念,比如“文化帝国主义”的辩驳当中,尽管这种做法与世人的心态、观念及世界认识相符。

---

1 参见[美]道尔《拥抱战败》,胡博译,北京:生活·读书·新知三联书店,2008 年。

二

松田在本书前言中引用的一段话，表露了他的盲点。2002年2月10日，美国著名记者托马斯·弗里德曼为《纽约时报》撰文。在提到美国国民的观念时，弗里德曼指出："如果国民将所有问题都归结为他人的阴谋，试图回避自己的责任，那么他们就免除了自己以及领导者对自身所面临的困境的责任，而且也不会自我反省。迄今为止，凡持此种看法的国家，没有一个兴旺繁荣起来。只有在一个能够进行自我批判的社会当中，人们才能究明事实的真相，才能通过政治过程致力于解决真正的问题。"

对于有健全判断力的、无论是美国还是日本的国民来说，这段话只是常识。松田特意引用，源于他的"苦衷"：他认为自己正在处理一个战后美日关系中的敏感问题，有可能会触及当事者的自尊心，因而事先要求大家保持理智的清明。其实，松田的主题自身在史学领域中可谓中规中矩。但如果引入"文化帝国主义"这个带有贬义色彩的说法，问题的性质就陡然改变：这个词意味着，制定战后美日政策的美国官员与学者自诩在道德、文化、知性上优越于日本人，因而所谓的"文化交流"，并非是对等的交流，仅仅是从优势的美国一方源源流向日本而已。在这种观念中，美国成为日本政治的监护者、民主化的教师、国民精神的导师。

事实的真相若何？松田将焦点对准了美国的洛克菲勒财团与日本的美国研究学界。在一些日本历史学家看来，美国主导的日本民主化改革，乃是日本的政治活动家与美国占领当局合作的结果。问题在于,这里所说的“合作”究竟意味着什么?在战后日本规训为自由主义的民主化国家的过程中,当事者实际存在的观念与美国的世界认识具有怎样的关联?

真相倒不令美日两国富有正义感的人士尴尬。在本书资料翔实的叙述中,美国在对日政策中显现出了超乎寻常的宽大与善意,尽管有时强制要求日本的对外政策符合美国的战略,也尽管在这个过程中,美国个别当事者对日本抱有轻蔑的态度。洛克菲勒财团在这一过程中厥功甚伟。

为了防止被贴上“文化帝国主义”这一后来才被学者大肆讨论的标签,参与对日和谈的洛克菲勒三世在构想美日文化交流时,有意提出了“双向车道”(two-way street)的说法;他期待这种交流将是相互主义的,是平等的。他说:“如果一方被过度强调,那么就要面对文化帝国主义的问题。”而“从长期来看,文化帝国主义不仅对日本、对美国而言也是不幸”,这句话不久就得到了表面上的验证。

1951 年 5 月 5 日,在美国参议院军事委员会、外交委员会的听证会上,麦克阿瑟说出了一段有名的话:“如果说盎格鲁-撒克逊民族在科学、艺术、宗教、文化上处于 45 岁的发展阶段,那么德意志人是相当成熟的。然而,日本人尽管有着很长的历史,却还处于需要指导的阶段。从近代文明的基准来看,与美国的 45 岁相对,日本还是 12 岁的少年。”这段话在日本引起轩然大波——此前麦克阿瑟在日本被视为国家重建的恩人,被视为英雄,备受敬重。从日本归国不久的洛克菲勒三世立刻展开了灭火行动,反复强调美日要“相互尊敬”。

同年 4 月,洛克菲勒三世向当时的国务卿辅佐官约翰·F.杜勒斯提交了长达八十余页的《美日文化关系报告书》，书中具体列出了五种计划，包括在东京设立文化中心，分别为东京和京都的学生设立国际交流会馆，进行以国家指导者与学生为核心的人员交流活动，实施彻底的英语教育等。杜勒斯与洛克菲勒家族关系密切，从 1950 年开始担任洛克菲勒财团理事长，两年后出任美国国务卿。接到报告书后，他立刻以“机密”的方式将其呈交给了美国国务院。

洛克菲勒三世没有意识到的是，他的说法与构想越真挚，他就越以一种高度凝练的方式将“文化帝国主义”的部分本质表达了出来——以对方同意的方式，帝国获得了文化上的领导权。借助意大利理论家葛兰西的“文化领导权”概念，松田试图对美国的文化政策进行漂白处理。然而，从帝国秩序生成的角度来看，松田的担忧及工作并无意义。他低估了（如果不是说无视了）二战后美国政治家对于政治、对于一般人类事务可能达到的认识与成熟。

三

什么是美国的世界认识与政治成熟？这只能留给读者思考了。从权力的角度来看，我们需将目光暂时转向日本这一主体与对象。让日本学者多少汗颜的，或许是事关他们自身的部分。为了获得来自美国的研究资金——有人美其名曰“学术资源”——的支持，当事者显露出了以利益为中心的算计、小气，以及争夺“资源”时的霸气；知识分子丧失了自己本应有的矜持。日本一东一西久负盛名的两个学府——东京大学与京都大学卷入了漩涡。

从1945年进驻日本开始,占领军当局对日本知识分子发起“精神攻势”。目的非常明确:用民主主义精神取代基于神权秩序的天皇统治与天皇制意识形态。其实,当时的日本知识分子正处于“精神的真空状态”。有着虔诚的宗教信仰的杜勒斯发现,“日本国民有着自由自在变来变去的特质”,觉察到他们可能容易接受共产主义的宣传。杜勒斯虽然不理解,此前还是军国主义者的这些人,为何如此简单地变成了民主主义者,但他的政策却异常坚定:强化日本知识分子的民主主义观念与立场。

另一方面,当时日本知识分子也普遍认为,他们“现在所面临的不幸,很大原因在于缺乏对美国的正确理解。”这样,日本的美国研究就得到了双方的共同重视。随着冷战的升级,这一领域被视为加深对美理解、强化美日友好关系的最重要的学术领域。为此,美国政府与民间财团每年投入大量的资金,支持日本学者从事美国研究与文化交流活动。1950年4月,东京大学与斯坦福大学在东京联合举行美国研究研讨班,成为这种活动的典范。此后这一活动连续举行了七年,每年均招聘第一流的美国教授讲解美国的人文与社会科学。据统计,日本这个领域近六百名的学者参加了上述活动。

东京研讨班活动的成功,刺激了身处日本西部的美国研究学者。1952年,京都大学与同志社大学准备在京都举行类似的美国研究研讨班。在他们看来,争取到美国政府与民间财团的同等资助待遇,意味着他们的学问得到了承认。时任东京大学校长、战后民主派代表人物南原繁,对京都大学教授们的行为勃然大怒。美国当局不得不从中进行调停。

京都研讨班最终成功举行后，京都大学与其合作者同志社大学又发生龃龉，数年后走向决裂。美国当事者很快明白了其中的缘由：这是著名国立大学与私立大学的冲突，名誉与利益夹杂在其中。

不过，这些学界纠纷仍是表面的。这种依赖美国的学术生产机制，正孕育着深层的负面结果——作为政治与社会批评家的知识分子，丧失了自己的功能。日本在1980年代成为经济大国后，美日经济摩擦日甚一日，两国关系成为日本政治生活的主要议题。养兵千日，用兵一时。此时，为了寻找稳妥的事态解决办法，日本政要与国民将目光转向了自己的美国研究专家，希望获得有深度的专门知识。尽管日本朝野上下内外强烈希望获得关于美国的正确信息与政策建议，这个领域的大多数日本学者却对此三缄其口。

松田据此认为，美国政府与财团的学术支援活动成功地培育出来了"亲美派"。如同洛克菲勒财团注意到的一样，来自"美国政府温情主义的援助，可能侵蚀了人们刚毅不屈的精神，造成人们意志的脆弱"。这些解释都不错。但，这是"文化帝国主义"的结果吗？这是美国"阴谋"的结果吗？

四

其实，"文化帝国主义"仅仅是支撑帝国统治秩序的一种意识形态，而非帝国本身。在原本的概念上，与以单一、均质为特征的近代民族国家相对，"帝国"是指统治权覆盖复数民族及地方政权的统治形态，以疆域的广阔性、文化的多样性与异质性为本质特征；实践中，帝国统治分别采用过君主制、寡头制、共和制等政体形式,与“帝”并无必然联系。与此相对,作为批判性的概念,“帝国主义”与“文化帝国主义”则分别指军事上和文化上对弱小国家与民族的统治及压迫。

就统治的事实秩序而言,当下世界中的某些大国,只能以“帝国”形式存在,而其对外政策更不必然表现出“(文化)帝国主义”的特征。在这种历史及现存的统治秩序中,存在着具有人类普遍性——比如对“善政”的普遍渴望——的机制。因此,恢复“帝国”视域,当下乃至未来的国际关系、世界社会秩序将得到更深入本质的洞察与构想。

让我们回到本文的主题:战后日本最终形成了依存于美国的结构。其实,这种依存对于美国与日本而言,具有迥然不同的意义。从美国的角度来看,这种美国实施的课业,可以说成功地规训了日本。民主主义、经济的繁荣,军事力量的抑制,成为美日两国异口同声赞叹的成就。然而,美国在其中获得的经验,反过来已然影响了美国自身,尤其是影响了美国的世界认识与对外政策。战后美国课业的全球意义开始显现出来。

稍微拉长我们的历史视野,可以说,战后美日关系正是帝国课业的一次实践。今日人们熟识的一些理念,诸如民主主义、现代化、人权、自由、秩序等,为这一课业提供了普遍性的理念支持与精神动力。当然,也正是通过战后世界秩序的重建,上述具有人类普遍性的一些观念,才逐步成为现实。

因此,不是强者的“阴谋”,而是当事者的“共谋”,一种社会学意义上的纯粹的相互作用,导致了帝国课业的编制与实施,导致了战后美日关系的形成。在这项复杂而广泛的工程中,没有局外者,更没有针对某一特定国家连绵不绝的“阴谋”;迫害妄想与受害妄想都是浮云。战后美国的日本政策中显现的“宽宏大量”自有其品格,但这种品格只有在更高一层的人类普遍的意义上,人们才能谈论其得与失。

(原载于《东方早报·上海书评》2011年11月27日)

十三

日本的现代化与政党政治

一

在世界的现代化进程中,日本由于其令人惊异的表现,总是不断引发人们知性的好奇:日本为何如此成功?为说明日本现代化的殊异表现,迄今为止学者们细致地寻找了各种变量——各种日本特殊的或者说有日本特色的要素。二战后的日本自民党(自由民主党),就被认为是这样一种要素,并成为经典案例:从1955年成立到2009年9月大选败北,除了一个极其短暂的时段,自民党一直单独执政或在联合政权中居主导地位。这种政党制度被认为有助于日本的现代化。然而,由于描述变量关系的现代化函数自身没有得到恰当的理解,单独分析这些要素,无异于两小儿辩斗日之远近。

那么,如何理解日本的政党制度?自民党的本质究竟何在?我们需要把问题掰开来看——自民党这个被称为广义"一党制"下的政

党，为何能爆发出如此巨大的能量，出色地将日本引向现代化的正确轨道？或者，缩小我们的观察视野而去询问：该党为何能做到超过半个世纪的长期执政？再或者，不惜把我们的格调降低而继续追问：为什么如此强势的政党没有必然发生令正直人士厌恶的堕落，比如世界史中屡见不鲜的独裁与腐败？要寻找可能的答案乃至教益，我们要求助于历史。

二

1955年11月，日本民主党与自由党这两大保守主义政党合并，成立自民党，史称“保守合同”。该党势力庞大，政治学者北冈伸一在其著作《自民党》[1]中打比方说,它相当于“二战前处于鼎盛时期的政友会、贵族院、枢密院、陆军与海军全部加在一起的力量”。尽管如此,这个力量却未走向专政,遑论暴政,最终在指导日本现代化建设中得到了完全的释放。

关于自民党的长期执政,北冈指出了三点要因:(1)国际上的冷战体制;(2)国内的中选举区制度;(3)党内的派阀(派系)体制。作者指出,如果没有战后日本左翼政党的强势存在,两个保守主义政党不会有特别的动机进行联合。同样,如果日本采用有利于两党制形成的“小选举区制”(各政党在每一个选举区内只能推荐一位代表),那么自民党或者因巨大化而分裂,或者迫使左翼的日本社会党采取更为务实的策略,以成为具有竞争能力、执政能力的政党。如果说这两个要素成为有利于自民党执政的制度条件,那么党内派阀间的竞争体制,则成为自民党活力的源泉。有了活力,党就不会僵化,就有了长期执政的可能。

不过,重读日本自民党的历史,让人感慨万千的,既非特定制度令人意外的结果,亦非自民党内部派系为夺得最高权力而进行的竞争乃至斗争,而是一出波澜壮阔的历史演义,主角正是自民党的那些政治家。

沧海横流,方显英雄本色。自民党(包括其前身)政治家在战败、被占领的混乱局面中,力挽狂澜,在内政外交各个领域全面开花——讲和条约、经济发展、美日同盟、冲绳归还,等等,这些成就让人刮目相看。这些奠定日本今日格局的政治成果,在建党不到三十年内便

1 [日]北冈伸一:《自民党:政権党の38年》,东京:中央公论新社,2008年。

已达成。更让人惊讶的是,自民党政治家几乎是踏着时代鼓点取得上述业绩的。这只是制度的功效吗?非也。徒法不能以自行,苟无其人,制度只是懦弱者的拐杖,而非进取者之利器。在这个意义上,自民党的历届总裁,可以说英雄榜上悉数有名:鸠山一郎、石桥湛三、岸信介、池田勇人、佐藤荣作、田中角荣、三木武夫、福田赳夫、大平正芳……那么,这些最终执掌国柄的人物是怎样炼成的?自民党的派阀竞争体制提供了一种有效的解释。

在旁观者看来,更重要的是,这种党内派系之争并未牺牲国家与国民的利益。更进一步说,国家与国民的利益正是在派阀体制的运作中不断得到揭示、确定与实现的;现代化的各种业绩就是这种利益得到实现的直观表达。

三

首先登上党史舞台的是鸠山一郎,他于1945年末创建了自由党。该党虽在翌年的大选中获胜,但鸠山却被盟军司令部以战争责任名义"开除公职"。此后数年间,接替他出任党首的吉田茂左右了日本政坛。随着1952年8月鸠山复归政坛,派系之争立刻爆发。据说两者曾有约定,鸠山复出后,吉田将交出党的领导权。但执政数年的吉田,此时已不肯放手。此后两年间,吉田—鸠山两派围绕宪法改正、重新军备、小选举区、经济政策等议题,展开了激烈的攻防。1954年12月,鸠山最终胜出。这种竞争导致了保守主义政党势力衰弱,而左翼社会党则势力大增,俨然有夺取政权之势。对应这种局面,鸠山合纵连横,完成了历史性的“保守合同”。

如果说吉田的政策是占据美国反共势力的一角,那么反吉田的鸠山则是通过推动日本与苏联外交关系的正常化,确立了自己的路线。我们看到,派阀竞争促成了日本长期国家利益的实现。吉田通过“美国一边倒”政策,顺利实现了日本的自立;而鸠山的对抗路线则使得日本重归中间道路。

1956 年 12 月鸠山下台,原民主党的岸信介派与原自由党的各派阀展开竞争。自由党各派联手,最终将岸排挤出局,石桥湛三政权诞生。作为施政目标,石桥打出了“对美自立”“福利国家”等课题。然而,由于感冒引发肺炎,石桥于翌年 2 月毅然辞去了首相职位。此举展现出来的品行之高洁,让当时及后世人们击节赞赏,但亦令人为之惋惜:如果石桥健在,日本与中国外交关系的正常化将指日可待。

石桥意外病倒,岸信介顺理成章地成为首相。岸早年毕业于东京帝国大学法学部,其后进入当时的农商务省(通产省前身),成为一名技术官僚。这种经历为他出任首相后,在制定经济政策(比如制定中小企业育成法、国民年金法等)时提供了宝贵的经验。在外交上,他介于吉田与鸠山之间,采取对美国不即不离的方针。通过讴歌“自主”“对等”的观念,修订日美安全保障条约,这成为他最大的业绩。该条约的主要内容在今日依旧有效,足可证其政治智慧。围绕条约内容,日本各界产生了激烈对立,引发了大规模的学生运动,史称“安保斗争”。岸在宪政框架内,以强硬手段通过条约后,功成身退,于 1960 年 7 月辞职。

在接下来的第四任总裁选举中,池田勇人在各派竞争中胜出。

池田早年毕业于京都帝国大学,后进入大藏省;其间因染病,有过惨淡的生活经历。或许源于这种经历,池田的政策集中在经济上,尤其以贯彻"国民收入倍增计划"闻名。池田当政时,日本"高速经济增长"已经持续了五年。他敏锐地发现并满足了国民的期待:分享经济发展的实际好处。外交上,池田延续了对美协调的既定政策。1964年8月,喉部发生疾患后,他对国民深鞠一躬,辞去了相位。

总裁竞争再开,这次胜出的是佐藤荣作。此后若干年,佐藤稳稳地将日本这艘经济高速腾飞的战舰操控在手中。不过,由于长期执政带来的懈怠,党内与政府内出现了滥用职权的现象,这遭到了媒体与在野党的猛烈抨击。1966年9月,在他进行国内视察、参观小学校舍与养老院等设施时,遭到记者当场呛声:"只看这些一流设施,你怎么能知道实际情况!"《朝日新闻》也发表了苛评:首相过来跟我们说几句话,就认为我们会高兴,"国民可不是那种老好人"。这句话的潜台词是:你们为政者给我老实点儿。

由于经济持续发展,佐藤勇往直前,给自己提出了新的政治课题,那就是"冲绳返还"。国家利益得到了与时俱进的界定与追求。佐藤制定的返还政策是"无核武器、与本土地位等同",并以内阁前途为赌注,放手一搏。显然,只有真正的政治家才能展现这种智慧与魄力。1972年5月,冲绳的行政权从美国转移到日本。佐藤大功告成,不久即宣布辞去首相职位。

在同年的第六任总裁选举中,田中角荣、三木武夫、福田赳夫、大平正芳同时登场。经过一番令人眼花缭乱的竞争,田中胜出。值得一提的是,此前佐藤为收回冲绳,要避免刺激美国参议院中的亲台湾派议员,所以他谋定后动,故意在联合国大会上展开阻挠中国恢复资格的行动。中美秘密交涉曝光后,他心安理得地交出了政权——从国家利益的角度来说,与中国恢复外交关系已成为燃眉之急。田中政权开门红,出色地完成了这项任务。日本国家利益再次实现了最大化。

与前几任首相不同,田中小学一毕业就进京谋生,从事土建行业。他充分发挥了天赋之才,很快聚集了财富。1947 年,他竞选议员成功。田中异乎寻常地发挥了法律的作用。据统计,在担任议员期间,他首倡并成功通过的法案,达八十余件,远远高于同侪。另外,在国土开发、保障性住宅建设、道路建设等事关民生的政策领域,他也发挥了杰出的才能。他以“决断与施行”的能力赢得赞誉,又以反面的“独断与暴走”遭受批评。1974 年 11 月,周刊《文艺春秋》刊载了一篇题为“田中角荣研究”的论文,揭发了他运用各种违法手段获取资产的过程。在各界的强烈批判下,田中不得不很快交出政权。在近乎有洁癖的日本政界,权力的使用若超过某一道无形的线,即用于营私舞弊,这对于任何政治家来说,都无异于自杀行为。

自民党内的派阀斗争再次炽热化。由于这次党自身面临危机,为防止党内过度斗争引发国民的质疑,主要对立的福田派与大平派达成和解,共同推举中间派的三木武夫出任首相。显然,这是对自民党损害最小的合理行为。三木在政策上采取了一系列“反对”政策:反对权力滥用、反对大企业专横跋扈、反对盲目追随美国,等等,这成为他的特征。其实,由于没有经过竞争的洗礼,三木政权注定是弱势的,从而也无法有所积极的行动。翌年 7 月,田中角荣因受贿嫌疑被捕入狱，自民党政权进入危机时刻。经过一番党内激烈的讨价还价，同年底三木交出政权；多年来被视为首相候补的福田赳夫，终于如愿以偿。

据说，在这次党总裁竞选中，福田与竞争对手大平正芳订立了密约，即大平此次支持福田，两年后福田派投桃报李，支持大平。在接下来的执政期间，福田政绩不俗。于是在1978年末的总裁选举中，他决意再次出马。这让一直等着"禅让"的大平恼羞成怒。两派经过激烈角逐，最终大平胜出。

大平被视为日本政治家中首屈一指的知性派。在政权成立之初，他的一番谈话让人耳目一新："我将坦率地向国民呼吁，什么是政治可以做得到的，什么是政治做不到的，以及什么是政治不应该做的。因此，我决定将最大限度地尊重国民自由的富有创造性的努力。"据说，大平视中国元朝政治家耶律楚材的"兴一利不如除一害"这句话为座右铭。"千古之下，自有定论"，耶律楚材当年对政治的洞见，竟在海外找到了知音与明证。这也不足为奇。方轨前秀，垂范后昆，这正是明治维新以来日本政治家的底色。单是这一传统，这一底色，就足以让人心存敬意，心生感慨，甚至让人嗟呀一番。

四

日本战后最初的数十年，可谓是自民党政治家的英雄主义时代。或曰：这得益于天时、地利、人和。诚然如此，但这些条件又何尝不是这些富有激情、责任感与眼光的政治家创造出来的呢？经过第二次世界大战的毁灭性打击,这些政治家终于理解了民主主义,理解了自由,更理解了人性。正是这种对政治、对人性的理解与尊重,才有了日本战后异彩纷呈的现代化建设。

显然,派阀体制能有效发挥作用,与获取选票这一现代政党的工具本质密切相关。在日本内阁制民主制下,自民党政治家要问鼎首相宝座,必须经历国会选举与党内总裁选举的双重考验。正是在这种激烈的竞争中,真正的政治家得以造就,得以脱颖而出。

在这些政治家看来,自民党(及其派阀)无非是一种工具,仅为获取最高权力而存在。这个工具是为政治而生的人的工具,而非靠政治渔利者的工具。二者境界迥异,形同霄壤。为了取得政权,政治家必须谦恭、诚实地回应国民的要求。正因如此,在国民眼中,政党乃至政治家又无非是他们实现自身利益的工具。对于这一工具的看法,无须任何的指手画脚:工具若可用,就继续使用;若不可用,就换一个。人同此心,心同此理。日本自民党的成功,日本的现代化与政党的关系,何不做如是理解?

(原载于《东方早报·上海书评》2012年3月25日)

十四

革命史观的安魂曲

一

日本著名的思想史学者沟口雄三的这本《作为方法的中国》[1]终于得到了翻译出版。书名中醒目地印着“中国”,这会引发特别的关注——据说,本书首先是出版审查的对象。不仅如此,书名的说法让人感觉有些奇异,这更会激起中国读者的兴趣:中国如何成了“方法”? 如果这个方法存在,那么其目的又是什么? 不过,读者诸君可要做好心理准备——这是作者“献给自己已经消逝的过去的一首安魂曲”。再进一步说,这是日本版的“告别革命”论。

大凡有些学识之士,看到“作为方法的中国”这个标题,再读到书中“以中国为方法,就是以世界为目的”、“把中国作为方法,就是要

1 [日]沟口雄三:《作为方法的中国》,孙军悦译,北京:生活·读书·新知三联书店 ,2011 年。

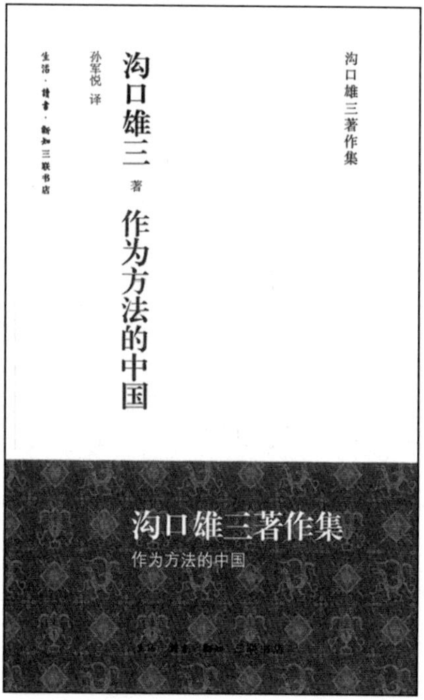

迈向原理本身的创造”这些作者的名言，想必心花绽放，激动莫名，浮想联翩——以中国为方法讨论世界的得失，这眼界之高、格局之广、器量之大且不说，不正意味着中华文明的复兴与中国的崛起吗？数年前我初读这本书时，心情正是这般。

遗憾的是，这是学识浅薄者的想象与自我安慰。只消提一个问题：作者笔下的“中国”，与我们何干？重读这本书，这迫使我努力地反思：当日自己的浅薄究竟意味着什么？如果只是嘲笑一番畴昔自我的幼稚，我们——中国的读者——将丧失走向成熟的精神契机。

这么说，如果意味着我们已然告别浅薄，那么也只是意味着，我们开始了反思，开始追问：“中国”究竟意味着什么；以这个反思后的中国为“方法”，又意味着什么。如果在这种持续的自我质疑中阅读本书，我们的视野就将豁然开朗：这种开朗不是那种文人墨客的想象，而是对可能生活的透彻澄明的反思。后者让我们洞察世界，因为我们首先获得了审视自我的契机。

其实，如果不理解何谓“中国”，还奢谈什么以中国为方法。这不是作者沟口对读者的苛责，而是时代精神使然。如下文所述，“作为方法的中国”，不是中国的方法，也不是日本的方法；这个说法只意味着，这是内在于人类理智自身、具有普遍性的思考方法，是探求并构想更好生活的方法。

二

本书虽是作者的一本论文集，但主旨却相对集中；其中，核心主题是重新审视战后日本中国学的思想基础。在战后日本的中国研究中，研究者的各种立场和方法形成了所谓的“近代中国像”。沟口将其归纳为“近代论式的”“超近代论式的”“历史唯物主义式的”等六种；其中，“超近代论”成为战后日本中国学的最独特的视点，影响深远。这种立场认为，中国革命的成功，最终超越了西方的近代化（现代化）模式，因而代表了真正的历史进步。以中国文学评论家竹内好、中国思想史学者西藏顺为代表人物。

竹内好最重要的概念是“抵抗”。与近代日本顺利的转型不同，中国屡败屡战；但这种历史过程最终却造就了一种更进步的主体。他论述道：“东洋通过不断地抵抗，正在赶上欧洲、超越欧洲，创造出非欧洲的东西。”这里的“东洋”就是指中国。在作家鲁迅一个人身上,竹内好看到了这种“抵抗”主体的诞生。与此相映成趣,西藏顺看到了总体性的“抵抗”主体,即“人民”的形成。

在西藏顺看来,鸦片战争后中国虽然节节败退,“中体扔掉了皮扔掉了肉甚至扔掉了骨头最后只剩下了骨髓”,但仍保留了“某种东西”和近代西方进行抵抗,那就是闻名遐迩的“中国农村”。在王朝体制下,只是作为自生自灭、被动的政治客体的农民,不具备任何成为近代国家主体的契机。然而,这种悲惨状况反而创生出拒绝清朝的封建统治、拒绝帝国主义的殖民统治、拒绝资产阶级统治的“否定性”主体。最终在“觉醒者”的带领下,在革命实践中诞生了“人人都具有主体性思想的人民总体”。

这是战后数十年间日本左翼思想家的“中国观”,沟口命名为“近代中国像”。问题在于,这种观念先行的中国研究,由于对自我与他者进行了或绝对的否定、或绝对的肯定,完全窒息了反思的契机。当中国革命形势在1970年代末陡然发生变化时,这些日本学者遭遇了幻灭——对于革命中国“先进性”憧憬的幻灭。

沟口称这种经验是第二次冲击——第一次是日本帝国发动的“圣战”最终被证明是侵略战争、日本战败时的冲击。上述“中国像”的形成,正源于日本知识分子对圣战的幻灭感。与此相对,1949年中国革命成功,走上社会主义的金光大道。这种强烈的对比让人眩晕。沟口坦白道,他自己正是因“受到中国革命的感染而走上中国研究道路的人”。在对革命的想象、对自我的批判乃至厌弃中,在知识分子的自我救赎中,日本的中国学转化为中国礼赞。

在对欧美圣战的失败与中国革命成功的双重冲击下,日本左翼知识分子心理发生了变形。这并非不可理解。沟口的不同之处在于,他坦然接受了自己最初动机的浅薄,知耻而后勇:“在这一过程中我内心逐渐形成的对中国革命的憧憬本质上和那些‘文革’追随者是相同的,所以在没有挖掘出自己内部的问题之前,原理上我无法仅仅从政治的角度来批判他们。”沟口对于近代中国思想的研究,正是他对自己内部问题的彻底清算。

战后日本学者的中国观其实不难理解。中国因落后、一无所有,反而获得了“先进性”,这是一种视线的逆转。日本学者通过扭转“先进—落后”的视线,获得了因克服“先进”的缺陷而更加“先进”的立场。然而,这只是一种心理补偿、精神胜利的机制。沟口分析说,这种视线的主轴仍是“先进—落后”,仍未逃脱欧美视线的窠臼。通过“抵抗”而形成的主体,其“先进”仍是被欧洲观念所定义的,因而并非是竹内好等人所想象的那种全新的进步主体。

关于“先进”的特殊性,与关于“落后”的特殊性的论述,相辅相成,并行不悖。沟口对此有精彩的分析:“因为‘腐朽没落’、‘宗法社会’、‘半开化’、‘停滞不前’等关于‘落后’的认识,都不是通过对中国当时的历史现实的分析所得到的,而是在外部视线的影响下丧失了主体性的、对自己所没有的东西的认识……”本来应该是具体的“落后”,被抽象为一个中性、自足、透明的观念——这种观念不需要加以任何质疑与讨论。在这个“落后”说法周围,布置了诸如“宗法”“封建”“礼教”“停滞”等说法。于是,当脱离经验的“落后”与“先进”被抽象化、神秘化后,它们以宗教信仰的方式出现:它们只要求人们信仰,禁止人们质疑。

其实,“超近代”论者首先在逻辑而非经验上犯了致命的错误:克服现有制度的弊端与缺陷,并不意味着新体制就必然具有更大的正当性与优越性。现有制度的优点——源于人类智慧的创造——如果得不到守护与传承,那么新制度就可能藐视了迄今为止普遍人类的努力,无视了这种努力的结晶:文明。虚无主义将大行其道。礼崩乐坏后,人们只能再次感叹:“人之异于禽兽者几稀。”文明的倒退在历史上屡见不鲜。

日本的“中国先进说”有着特殊的背景,这一点前面已经提及。这里要强调的是,如沟口指出的一样,竹内好的“中国论”实质上就是“日本论”。这道出了问题的本质。日本帝国出师未捷身先死,“超克近代”的未竟幻想于是以一种新的形态,被偷偷塞进了他们的“革命中国”观念中。他们期待革命中国证明他们是正确的。这一点对于日本学者而言倒也无可厚非。真正的问题在于,一些中国学者对此不察,将竹内好的“日本论”直接视为对中国的论述,用于佐证其激进的历史认识与历史叙述。这一过程中将出现怎样的谬误,论者竟然对此毫无知觉。

三

沟口的批判是内在性的逻辑批判。如上文提到的一样,“中国先进说”只是反转了此前中国“落后”说的视线;把“落后=非欧洲”视为正面值得肯定的东西,“先进—落后”这种模式本身并没有完全被否定掉。沟口认为，这种模式最终仍诉诸近代西欧的特定世界观，因而无法理解中国固有的属性。

沟口没有就此展开：这种无法完全否定的模式本身，究竟意味着什么？这种踌躇导致了他的相对主义与认识的暧昧："中国的近代既没有超越欧洲，也没有落后欧洲。中国的近代从一开始走的就是一条和欧洲、日本不同的独自的历史道路，一直到今天。"于是，沟口要彻底反转视线，要从中国的角度看世界。这就是"作为方法的中国"的核心主张。他说："今天，只要我们愿意，也可以通过中国这一独特的世界（无论好坏），即透过中国这副眼镜来观察欧洲，批判以往的'世界'。例如，什么是'自由'？……对于这些曾被视为普遍真理的概念都可以个别、相对地重新进行探讨。"

如果勉强为上述说法贴上一个当下学人惯用的标签，那么这种论述可称为学界中的左派论述。当下许多中国学者正是为此而感到振奋：这种说法意味着"中国"文化与文明的潜在能力，即破除所谓的"西方中心主义"。然而，我们必须对此提出异议。这是因为，这种认识的问题在于，某种认识模式无法被完全否定，这不多不少正意味着，它无法被否定；否定了这一点，也就否定了人类存在本身。因为无法被否定的那一点，可能正是具有人类普遍性的东西。欢呼文化相对主义无可厚非，但如果没有意识到无法被相对化的、人类普遍性的要素，比如"自由"观念，那么这种相对主义者就沦为懒惰、滑头，或者说是缺乏思考能力与勇气。

因此，紧接着上面引文后面的一段话，多少挽救了他的暧昧："重要的是，相对化仅仅是相对化，而不是什么所谓日本主义式的日本再发现、东洋再发现。既然相对化以世界为对象,自己的世界当然也包括在内。"[1]这为普遍性的探讨留下了空间。只有将自己置于相对化的立场加以反思,对自我的容易封闭的世界观加以解析与批判,进而探寻文明的普遍性标准与意义,文化相对主义才有意义。仅仅出于解构对方认识上的自我中心主义,而对自己的立场毫无自觉,就将导致另外一种思想的固化。

转换一下时空,隐去作者的名字与国民属性,我们就会发现这本书的普遍意义。如今,沟口对自己、对日本学界奏响的"安魂曲",开始了迟到已久的中国之旅。

(原载于《时代周刊·时代阅读》2011年9月29日)

1 [日]沟口雄三:《作为方法的中国》,第132页。

十五

国家幻想症与国家恐惧症

一

大凡看到题目新颖的著作，读者们想必感觉如获至宝，期待读到一部富有创造性的学术作品。我初见《送医下乡：现代中国的医疗政治》[1]亦然，但读后却陷入了沉默——不是源于期望落空的情绪，而是因某种东西欲寻不见。后来某日读到法国思想家米歇尔·福柯的《生命政治的诞生》[2]所引用的一句话，方释然长叹：原来如此。

在一次讲座的开始，为分析近代西欧国家行事的理由，福柯引用了一位叫贝伦森的艺术史家于暮年时说的一席话："上帝才知道我是否害怕原子弹把世界摧毁，但至少有一件事我同样担忧，那就是国家对整个人类的侵犯。"如果说原子弹摧毁世界多少有杞人忧天的意

1 胡宜：《送医下乡：现代中国的医疗政治》，北京：社会科学文献出版社，2011年。

2 ［法］米歇尔·福柯：《生命政治的诞生》，莫伟民等译，上海：上海人民出版社，2011年。

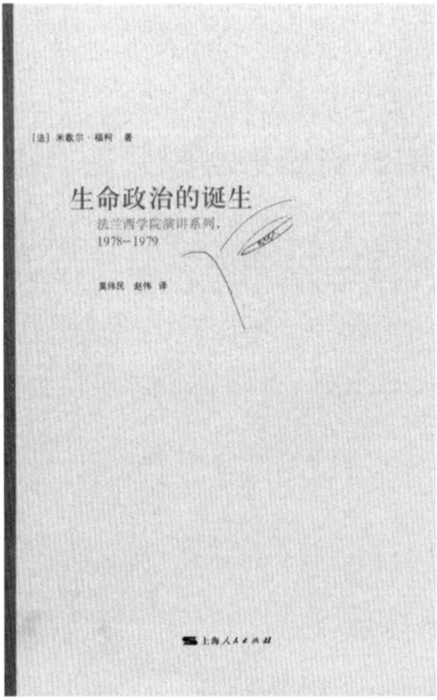

味,那么国家对人类的侵犯,则是人类史上司空见惯的现象,在许多不文明国家至今仍大行其道。福柯概括说,这是“一种国家恐惧症的最纯粹、最清晰的表达”,并且这是“我们所熟悉的主题”。国家,准确地说是对国家的认识,就是前面提到的“欲寻不见”的东西。

在福柯看来,这种对国家的恐惧症状历久弥新,但 20 世纪的独特经验——包括 1920 年代出现的苏维埃、德国纳粹主义、战后英国的计划运动——使得这种症状的易感人群对“国家”,对以国家为工具的专制、暴力、独裁敏感异常。既然患病,那么除非自暴自弃,人们自然会去寻医问药。结果,法律与秩序的关系得到了反复的探索,“法治国家”最终成为对症的处方。对于粗通近代政治思想史的人们而言,这些都是老生常谈。不过,福柯却更进一步。通过对“疾病”“犯人”“疯人”等一系列近代西欧国家出现的范畴的研究,他得出结论说,“国家没有本质。……国家只是一个多重治理术体制所带来的可变结果”。福柯在何种程度上推进了人们对国家的理解,并非这里关注的问题。因为,中国学者、读者面临的问题可能完全相反:对国家的无意识。

问题正出现在这里。当福柯说这种“国家恐惧症”是“我们”所熟悉的主题时,有多少中国学者可以心安理得地认为自己属于“我们”的一员?又有几人堪称“熟悉”这个“主题”?这么说绝非苛责中国学者未染上“恐惧”重症,而只是想低声询问:中国学者缘何近乎先天性地丧失了对国家的免疫力?——这里的“中国学者”自然是指部分而言,而非一个不漏。当他们面临各种问题而诉诸国家时,他们为何未曾想到:问题可能正是国家所造成的,国家正是他们面临的问题?他们的观念中并非没有国家,但那是一种与“国家恐惧症”全然不同的东西,用“国家幻想症”命名之,庶几可得其神髓。在这种幻想中,“国家”被抽象为正确、正义的代理人,一种实现人生幸福的手段;另一方面,通过幻想肩负国家建设的重任,与国家融为一体,学者们自己也觉得光荣、觉得伟大起来。

无须说,国家幻想症与国家恐惧症有着共同的特征,国家都被视为全知全能之物。二者的分歧在于,后者源于实在的经验,国家被视为恶;而前者则源于对现实的误认,国家成为无条件的善的代表。

这种“国家幻想症”的表现形式林林总总。在学术研究领域,它表现为学者对“国家框架”——诸如“国家视角”“国家建设”“国家任务”“爱国主义”等观念——无反思、无批判、甚至是无意识的设定。这种状况反映了学者对“国家”性格与品格的不理解。

那么,“国家”究竟为何物?熟悉近代政治思想的人们会说,那就是源于近代西欧的“民族国家”(nation-state,亦即“国民国家”)。此言不错,但问题在于,这个说法是如此粗糙,以至于它非但解决不了问题,反而掩饰了问题自身。在人们熟悉的历史叙述中,民族国家的诞生通常被刻画为一部英雄史诗;国家被视为统帅子民们进行反抗、进行建设、追求繁荣的某种行动的、人格的化身。于是,以这个“民族国家”为前提的研究,充斥了最近三十年来人文社会科学,诸如文学、历史学、政治学等多个领域。借助这个未被质疑的,因而是可疑的“国家”框架,人们的生活诚然得到了某种刻画,得到了某种有序化;然而,人们因此而付出的认识上的代价,却不可胜数。这种对国家的误认,往往导致人们因此而丧失他们维持人格尊严的前提,即自由。

从宗教社会学的角度看,上述情形可以说是“神义论”在世俗化社会中的经典表达。如同上帝被视为正义的代表一样,国家被视为永恒正确的行为者。即便显而易见的过失或差池,也被解释为国家“正义”的某种体现——这个有着神性的国家有着仁慈的一面,但它会发怒,会让人恐惧,让人费解;无论怎样,其根本目的却是将正义带给人间。它让人敬畏,因而让人幻想,让人感到安慰。

这样一来,这个结论就水到渠成了:“国家恐惧症”与“国家幻想症”原来竟是亚努斯的两副面孔;人们因恐惧而幻想,因幻想而恐惧。不过,这两种症状的临床表现和最终结局却截然相反。前者激发人们揭示国家的本来面目,因为恐惧来源于无知。知道了真相,也就克服了恐惧，就有了过上真正幸福生活的可能。而后者却将希望寄托于国家的善意自身，通过希望、憧憬、信仰来克服恐惧，换取虚假的幸福。人类迄今为止的经验表明，前者将人们引入理智的世界，让人们至少过上尘世体面的生活；而后者却是相反。

二

这里之所以引用福柯对国家本质的描述，源于《送医下乡》这本书的主题正是福柯自身所开创。读者期望本书能通过"疾病"这一对象，将围绕这种"疾病"诞生的历史，将关于这种诞生的微观政治——比如国家权力与当事者主体复杂的互动——刻画出来。读者更希望，通过本书获得关于国家本质的地方性的知识，这种知识将促使人们进一步反思国家为何物，反思社会为何物，反思生活为何物。一言以蔽之，人们期待获得新的理智上的认识。当然，如果读者愿意，他们完全可以通过阅读其他书籍来获得这种认识，而无需借助任何可能被认为是特殊的、中国固有的、"有中国特色"的经验。

毋庸说，上述说法是对学术作品的一般要求，亦是源于学术自身的要求。这么说来，我们必须克制对本书的批评，因为本书所反映的问题恰恰是中国学术界普遍存在的问题。评价本书，我们无形中承担了更多的任务。

文本中对布罗代尔、霍布斯、福柯等思想巨擘的引用，也多少让人期待作者的研究将在这种高端层面展开。然而，紧接着这些让人目不暇接的说法与引述，作者展现出来的却是"国家建设"的平常视角；作者又将其分为“认同建设”“体制性建设”与“实践性建设”三个层面[1]。这种做法自身恰切与否的问题暂且不提，因为真正重要的问题在于，当作者将“送医下乡”这样一种“国家行为”视为“国家建设的工具”时，文章全部的启发意义戛然而止——因为作者再未表达出比“国家建设的工具”多出哪怕一点点更具有反思性和批判性的思想与认识。

尤其不可理解的是，在具体事例研究中，作者对其预先提示的“工具”视角也束之高阁，而是将送医下乡匆忙地定性为“中国道路”与“中国特色”了。[2] 这让读者再次好奇，本来应该是“问题研究”——发现问题、分析问题以及研究意义的提示——的学术研究，如何竟然成为“国家”正当性的论证。这让人从根本上怀疑本书的学术价值。不过，作者“真诚地欢迎任何形式的批评与指正”，这倒显示出了学者应有的谦虚与纯朴，与当下那些过失同样却洋洋自得的学者名流相比，诚然因难能而可贵。

三

为了展现上述批评的普遍意义，让我们回到福柯笔下的“国家恐惧症”。前面提到，纳粹德国的历史存在似乎表明了极权国家的终极形式——“国家权力无限制的增长”，国家的强大无以复加。然而，这就是纳粹德国的本质吗？这种无限制的国家权力是令人恐惧的根源

1 [法]米歇尔·福柯：《生命政治的诞生》，第25—31页。
2 [法]米歇尔·福柯：《生命政治的诞生》，第91页、第163—170页。

吗？福柯回答说，答案正好相反："德国民族社会主义的运作方式，……可以说第一次最系统地使国家处于弱势。"简言之，"纳粹主义就是国家的衰弱"。正因如此，这个极端事例突显了现代国家的"终极"状况。福柯对这个国家体制进行的下述三点分析，有助于人们理解"国家恐惧症"的本质。

首先，从法权结构上说，在德国民族社会主义体制之下，国家丧失了法律地位，仅仅被定义为"某种东西的工具"，而这个"某种东西"就是 Volk（人民）。Volk 既反映了法律的原则，又是包括国家在内的所有组织的工具。这种作为工具的国家，失去了其本应有的地位与强度。其次，国家从内部被剥夺了权利，不再体现为行政管理上的权威与责任，而是 Führertum（元首身份）原则——这是"一种导引原则"，与之匹配的则是"忠诚与服从"。再次，政党的存在以及调节行政管理机关、政党关系的所有立法机关，"以损害国家为代价来赋予政党根本的权威"。国家本应具有的权威，在纳粹党国体制下，被转移给政党。

这样，德国纳粹政体的本质问题就得到了破解：在党和国家体制下，国家处于衰弱的状态，它完全无法维护任何法权意义上的正义。这种正义的丧失，成就了帝国的终极状况。在这种空前的党国体制中，现代政治所使用的一切概念，诸如"国家""政府""社会""人民""个体"等，都遭到了极度的扭曲。不难想象，如果简单地使用这些概念，那么真相将无法得到揭示与解释。事例虽然极端，然而它警示的道理却是寻常——并非"国家"的抽象原则自身，并非国家对特定权力的占有与使用，而是某种特定的历史统治形态，才是万恶之渊薮。

因此,质询“国家”是否或如何将其普遍原理——诸如对法权秩序的维护——落实到统治实践中,这是所有事关公共事务的学术研究不可回避的出发点。只有持续回归到这个原点,学者才能获得针对现实的批判性视角与力量,真正的学术研究才得以可能。任何对国家的恐惧与幻想,都是学者知性与勇气不足的临床症状。他们需要接受治疗。

(原载于《时代周刊·时代阅读》2011年12月13日)

十六

神人秩序：自由如何得以可能？

一

最初在《在垂死皇帝的王国:世纪末的日本》[1]这本书中看到“红淡比”这个古怪的说法,感觉颇为奇异。不过,这个词语后面标注的英语名称(the sacred sakaki tree),尤其是相应的日文汉字“榊”,揭示了这个名词的真实身份。这个日文汉字“榊”在日本被称为“国字”(亦称“和字”“和制汉字”等),为古代日本学者模仿中国汉字的结构、意义及造字方法新造的字体,通常是会意字。所以,“榊”字表面上的含义就是“神木”,一望便知。不过,这个“神木”红淡比到底为何物何种?带着狐疑,我匆忙翻开手头的字典:原来“榊”就是中国的“杨桐”,广泛分布于中国长江以南诸省。但这仍无法让人释然:日本

1 [美]诺玛·菲尔德:《在垂死皇帝的王国:世纪末的日本》,曾霞译,南京:江苏人民出版社,2011年。

版的“杨桐”如何具有了神性？问题就在这里。

此刻可能有读者会感到不解：这里为什么要介绍这个显得生僻、甚至有些学究气息的树名“红淡比”？显然，这绝非是为炫耀自己刚刚获得的一知半解的植物学知识，而是，这个弥漫着色彩变调的词语显现出来的陌生性，激起了我们理解“榊”的前生今世的兴趣。这种陌生性成为一种天然的屏蔽，它让我们无法动用某些成见，因而有助于我们了解日本国民生活的某种原生态——其实，上面提到的中国的杨桐只是红淡比的一个亚种，因而红淡比“榊”的品性只能回到纯然的日本语境中加以理解。

据介绍，日本的“榊”（Cleyera japonica）属于山茶科的小乔木，通常每年5、6月于叶根部开花，呈白色；到了11月左右，则结出紫黑色的小果实。与这些植物属性相比，其社会属性让人感觉异色森然——作为神树，红淡比广泛种植于日本国内为数众多的大大小小的神社内，自古以来就被用于神道仪式。本书作者诺玛·菲尔德对其进行了如下描述："红淡比是一种长青植物。它一直被日本人认为很神圣。它那顶端的、闪光的叶子据认为能够悲悯地吸收被神化的灵魂飞落在上面，成为他们的轿子。在神化的仪式上，这种枝条成为神灵的具体化身。"这些经过神道仪式圣化的枝条，将永久地被神社保存与供奉。

因此，"榊"不同于杨桐，因其被赋予的神性而获得了政治品格。作为神社宗教仪式使用的特定植物，红淡比树成为日本历史，尤其是近代历史的见证者。其实，这种树还见证着当下日本国民的荣与辱。

二

本书撰写于1980年末，时值昭和时代晚期，日本社会正呈现出后来被称为"泡沫经济"的特殊繁荣。国民关于昭和时代前半战争的记忆，在幸福的生活中似乎已然风化。不过，1988年9月，天皇裕仁病危的消息瞬时传遍日本。从这时起每周、每月，日本国民都会得到大量关于天皇出血、输血的报道。翌年1月7日，日本官方公布裕仁天皇去世的消息。作者写道："那位被牢记为昭和天皇的人的死亡是历史的必然。唯一没有被预料到的是他死亡过程的漫长与复杂。"这种复杂对于庶民而言，表现在突然闯入他们生活中的两个陌生词语上："御崩"与"自肃"。前者是专用于表达天皇、皇后等死去的敬称；

后者意味着臣民的“自律”——为表达哀戚之情,国民要自主回避与国丧氛围不和谐的娱乐活动。国民的一些记忆开始复苏。

裕仁天皇战后发表“人间宣言”,放弃神格;同时他也是宣扬“主权在民”的新宪法下去世的第一位天皇。因此,如何处理葬礼的仪式,关涉敏感的主权问题,人们争论不休,这可谓日本版的“礼仪之争”。诚然,新宪法规定政教分离,确定了公民宗教信仰自由的权利。问题在于,自由如何得以可能?

同这些礼仪层面的纠纷相比,战后日本象征天皇制悬而未决的历史认识问题,此时突显了出来。让人惊诧的是,这些问题依旧与其臣民的自由乃至生死息息相关。作者菲尔德给读者讲述了三个惊心动魄的故事。她的慧眼明察秋毫,笔触情感充沛。故事讲完后,一幅关于日本国民观念的细密画得到了呈现,人性与神性交汇其中。这幅画如此细腻、清晰,其寓意如此发人深省,以至于任何形式的回避,都意味着某种不义、懦弱乃至耻辱。画面色彩奇异,正是红淡比的寓意所在。

三

首位出场的主人公是一位超市老板,名叫知花正一,居住在冲绳本岛的读谷村。提到冲绳,读者容易联想到当下的美军基地,联想到历史上的琉球王国、清朝中国与明治日本,也会联想到二战期间美军的登陆战役,以及 1972 年的“冲绳返还”。其实,这些恰好构成了知花身上发生的故事——焚烧太阳旗——的宏观背景。当然,事实远比这些抽象概念复杂。

问题的导火索是1987年在冲绳举行的“国民体育大会”。按照惯例，天皇将出席这个被简称为“国体”的国家活动，并向冠军颁奖。“国体”的另一含义是指战前日本军国主义者口中的国家体制，因其不光彩的历史，战后成为禁忌。不管怎样，日本政府试图借此机会，结束冲绳长期混乱的战后史。天皇因病未能出席，但“国体”顺利召开。10月26日，知花爬上旗杆，扯下太阳旗，用火机点燃。这把火点燃了全国——右翼分子围攻读谷村，知花的超市被付之一炬，生命安全受到了威胁。村里的长者开始疏远他。知花最终因“损害公物”被定谳收监。这是一场轩然大波，知花为何如此毅然？仁者无忧，勇者无惧。读者通过本书的叙述得知，这是知花纯然良知良能的发动。

知花的行为背后，有着人间凄惨绝伦的往事。

1945年4月1日，美军经过激战后登上冲绳本岛，读谷村大约一百四十人到海岸附近的一个山洞里避难。发现美军出现在洞口后，三个人持竹制长矛出去迎战，结果两人重伤。洞内有一位塞班岛复员归来的高龄军人，趁机宣传了“塞班玉碎”，即该岛平民自杀的情形。讲完后，他点燃被褥，企图让大家窒息而死。但四位带着孩子的女性人性未泯，将火扑灭。翌日，美军再次造访，要求他们出来投降，未果。这时，一位二十五岁的随军女护士讲述了自己在中国战场上看到的日军种种骇人的兽性行为，以及中国平民的悲惨遭遇。接着，她将自己的家族成员约十五人集合在一起，给他们注射了毒药。看到可以如此安乐地死去，人们羡慕起来。被褥被再次点燃，最终八十三人死去，其中年龄未满十二岁的儿童占据了半数。

让幸存者困惑的是，美军没有进行任何杀戮。他们只能对此事守口如瓶。1983年，沉默被打破，这个“强制性集团自杀”事件重见天日。此后，关于是否有日本军人参与其中，日本发生了尖锐的争论，历史学家、当事者等纷纷登场。著名作家大江健三郎因在《冲绳札记》中描述了这段被有意遗忘的往事，数年前遭遇诉讼，可以说正是这种争论的延续。

焚旗事件发生后，善良的人自发地展开了对知花的支持：法庭上进行了抗争，超市得到了再建，生活得到了恢复。知花付出了代价，但某种良心的自由得到了维护。

红淡比树出现在第二个与神社直接关联的故事中。故事的女主人公叫中谷宁子。1968年，她的丈夫中谷孝文在执行日本自卫队任务时死于交通事故。三年后，驻扎在中谷家乡山口县的一支自卫队与当地退伍老兵联谊会合作，将其灵位安置到当地卫国神社中。中谷夫人公开反对这种做法。她是一位基督徒，想按照自己的方式进行供奉与祭奠活动，无法忍受亡夫被神道教神化。1973年，她拿起了法律武器，将当事者告上了法庭。她控诉说，当地政府不仅违反了政教分离的宪法原则，而且还冒犯了她宗教信仰自由的权利。

从那时起，中谷夫人开始了漫长的“维权”行动。1988年6月1日，日本最高法院进行了终审判决：推翻了两个下级法院的判决，宣判中谷夫人的申诉无效。其实，中谷夫人最初就同时面对习俗与政府的权力，并无胜算。“作为一个女人，她竟然和政府打官司，这让人们觉得她很陌生古怪。”不仅如此，中谷夫人的行为事实上引发了“枪林弹雨般的威胁和辱骂，有的通过邮件，有的通过电话”。作者菲尔德指出,在日本持有少数人的立场已经很糟糕,如果再声称持有这种立场是她的自由权利,这只会使事情更加糟糕。

其实,正是神道习俗让中谷夫人感到形单影只。她的公公中谷幸次宣称,他的儿子加入自卫队的目的就是能够光荣地牺牲,然后进入神社成为国家的守护神。这种说法本来源自明治日本官方,时间长了,就成了庶民的观念。这个案件的几个因素中,尤其让大多数普通民众抓狂不已的是,她取走了中谷孝文的部分骨灰,安放到了基督教的纪念墓地。既然如此,她又有什么资格反对另一部分骨灰放在神社中供奉呢?

尽管败诉,中谷夫人的维权行动意义非凡。对此菲尔德写道:“少数人可以看得见的不自由一定是将来所有人可能遭遇的不自由的前兆……少数群体确实为了自己的权利而战斗,但更是为了主流群体未来的权利而战斗。”同知花的案件一样,中谷夫人的诉讼活动得到了社会团体的支持,她并非孤军奋战。日本的自由民主体制,至少保证了她能以一种符合尊严的方式进行抗争。

第三个故事与裕仁天皇直接相关,主人公是长崎市的本岛市长。在1988年12月7日的市议会上,有议员询问他如何看待政府为天皇祈福以及天皇的战争罪行问题,他回顾了自己的战时体验,回答说:“我认为天皇对战争负有责任。”这其实是安徒生童话《皇帝的新装》的一种日本版:本岛充当了童话中那个说出真相的孩童。

本岛这句平常的话,粉碎了当时日本全国宁静的“自肃”氛围。日本自民党长崎县支部立刻解除了他的党内职务,朝野保守派各政党齐声批评,全国的新闻媒体蜂拥而至。然而与右翼团体的行动相比,这一切都相形见绌。据统计,最多时总计有六十二个右翼团体围在长崎市政厅周边,他们动用了八十五辆宣传车,高喊着要对本岛进行“天诛”。警察小心谨慎地维持着秩序,逮捕了数名威胁肇事的主谋。本岛承受了极大的安全压力,人身自由亦丧失大半。

历史终于重演。1990 年 1 月 18 日,在市政厅大门前,本岛市长遭到右翼分子从背后一米处的近距离枪击,子弹命中左胸。本岛命大,逃脱了劫难。事件前后,有良知的国民对本岛进行了声援,这同样为日本维护了部分体面与尊严。

四

日本自明治维新以来,皇帝、宗教与战争纠结在一起,而无处不在的红淡比树“榊”则在一旁静观。问题的本质在哪里?我们不得不暂时离开聚讼纷纭的战争责任问题,回到更为根源性的人间秩序的层面进行思考。“榊”给了我们启示。有一种说法认为,“榊”这个和制汉字的读音(sakaki)源于神社表达神人分界的“境”(saka)与“木”(ki)二字的合成。从造字法的角度来看,这种解释恐怕不单单是后人的附会。毋宁说,“榊”表达了一种特定的神人关系。

其实,对于神人关系,传统中国并非没有自己的理解与安排。“敬鬼神而远之”(《论语》)可谓这种理解与安排的思想精华。鬼神当敬,因敬而远;“慎终追远,民德归厚”。勉强用现代的说法,这是一种宗教世界观的“理性化”,是一种特定的神人秩序安排。这种做法的主旨不在于将鬼神排除在外,而是通过敬远的方式,重新确定人间秩序；在传统中国，这是“礼”的神学起源。这种安排的意义，见诸宗教在西欧近代乃至当代社会生活中无可替代的作用。

显然，日本神道自身就是一种特定的神人秩序。这是一种敬鬼神而“近之”的观念，“榊”充当了神人交互的载体。从积极意义上说，这种观念在近代日本通过天皇这一“现人神”，转换为国民国家建设的精神动力。1945年日本战败后，盟军司令部解除了公共领域中神与国家的关系，从而使得神人各得其所：回归到社会与私人空间。这种政教分离绝非要鲁莽灭裂地破除这个、破除那个。战后日本迅速复兴——非但是经济与国家，更是个体与社会的复兴——作为定制神人关系的宗教可谓功德无量。

当然，有人会感到神道秩序的压迫，但这不是本质问题。本书中的中谷夫人与本岛市长都是基督徒，他们遵循了另外一种神人秩序，因而在国家权力、在神道秩序面前卓然独立，显示出人性固有的优越。正是这种具有“标杆”意义的个体的存在，自由的权利得以成为现实。人性的优越，竟然无法与神性分割。这对于我们读者而言意味着什么？借用某位名人的说法，这种意义可以得到富有激情的表达——读者如果看到日本国民的处境而伪善地耸耸肩膀，或者认为自己国家的情况远不是那样坏而乐观地自我安慰，那么作者菲尔德可能会大声说：“这正是说的阁下的事情！”

（原载于《东方早报·上海书评》2012年6月17日）

十七

全球化与劳工运动的终结

一

本书《劳工的力量：1870 年以来的工人运动与全球化》[1] 是一部得到精心组织并撰写的社会科学著作，旨在探究现代全球工人运动的规律，迄今为止已出版了 11 种语言的译本。由于在国体上，宪法规定现代中国是工人阶级领导的国家，这激发了我们强烈的好奇：在本书描绘的劳工运动的画卷中，当代中国工人阶级具有怎样的定位？阅读本书，中国读者将获益匪浅：一方面可以从域外的视角反观自己的境遇，另一方面也可以对本书的观点与论证进行某种验证——社会科学研究究竟能在何种程度上有助于我们增进对社会历史的认识。显然，这种认识与我们寻求并为之奋斗的更好生活，息息相关。

1 ［美］贝弗里·西尔弗：《劳工的力量：1870 年以来的工人运动与全球化》，张璐译，北京：社会科学文献出版社，2012 年。

这也正是作者美国约翰·霍普金斯大学社会学教授西弗尔的希望。在本书的中文版前言中，作者“衷心地希望中文版的读者们能在这本书中找到概念和分析框架，从而有助于理解当前和未来的中国和全球的劳工运动的发展动态”。事实上，在这部获得广泛赞誉的著作中，作者已经依据自己的概念和分析框架，数次对中国工人的状况作出了一些描述与预期，这成为我们的关注点。我们稍后将对此进行简单的讨论。

为了揭开全球劳工运动的动力机制问题，作者基于学界已有的成果，重建了一种关于“工人阶级形成的叙事，在这种叙事中，各种事件是在动态的时间和空间中展开的”[1]。与这个抽象的表达相比，下述主张显得更为简洁：“资本转移到哪里，劳工与资本的冲突很快就会到哪里。”这是一种显得陈旧、但却是富有挑战性的主张，因为关于最近数十年的劳工运动，社会科学家倾向于接受新的观点：当今时代史无前例的全球化进程，完全重塑了工人阶级和劳工运动所赖以存在并在其中运作的环境。那么，作者究竟基于怎样的科学研究，对主流的学界看法提出了挑战？

二

首先，作者的理论视角来源于对两位理论家，即卡尔·马克思与卡尔·波兰尼的批判性重构。这两位理论家均认为劳动力是一种“虚拟的商品”，但视角却不相同。据此，作者认为劳工抗争包含两个方面：“(1)劳动者对自己在生产中被当成商品的斗争(即马克思所关注的对榨取剩余劳动的斗争)；(2)劳动者对自己在劳动力市场中被当成商品的斗争(即波兰尼所关注的各种斗争，目的是寻求保护使得自己免受自我调节的市场体系的蹂躏)。”[2]这两种抗争具有不同的动力机制、表达形式及政治后果。

具体而言，前者“指的是那些作为历史资本主义发展的无意识后果并被不断塑造和加强的新兴工人阶级的斗争”。这是一种自动生产机制；在马克思的分析框架中，工人阶级的谈判力量得到了重视，

1 [美]贝弗里·西尔弗：《劳工的力量：1870年以来的工人运动与全球化》，第39页。
2 [美]贝弗里·西尔弗：《劳工的力量：1870年以来的工人运动与全球化》，第228页。

而其斗争最终将引发社会与政治的全面革命。与此相对,后者体现为一种钟摆式运动,"当钟摆摆向对劳动力的商品化时,就会激起强烈的、要求保护劳工的反向运动"。这是一种谋求对劳动力的"去商品化"运动。在这种类型的运动过程中,各国通过建立包括工厂法、失业保险和工会等在内的各种社会契约,将劳工、资本与国家联结在一起,从而在一定程度上保护了劳工。这种旨在保护生计的社会契约,越来越被认为是对资本利润增长的一种束缚,并最终在20世纪晚期的全球化进程中遭到了解除。简要言之,依据波兰尼的分析框架,劳工抗争的发生将在劳动力的"去商品化"与"商品化"的两极之间摆动。显然,这种抗争不会引发马克思主义式的革命,而是在劳动、资本与权力即国家之间寻求某种动态平衡,并借以实现社会福祉的增大。

本书具体以汽车与纺织工业为例,进行了世界—历史范围的时空分析,以检证劳工运动与资本之间的因果关系。比如,在被誉为20世纪代表产业的汽车产业领域,随着资本在时间和空间中的变迁,劳工运动呈现出有高度规律性的运动,即"资本到哪里,冲突就跟到哪里"。

资本转移的动力来源于资本对廉价劳动力、对容易驯服的劳动力的持续追求。然而,汽车产业基地在全球范围内的每一次转移,都在新的国家引发了声势浩大的劳工运动。汽车产业的工人抗争运动最初出现在1930年代的北美,随后相继出现在英国、法国、意大利、德国、西班牙、阿根廷与南非,最近则出现在1980年代的巴西与1980—1990年代的韩国。那么,当中国已经成为世界上少数的汽车产业基地时,会出现相应的工人阶级的抗争运动吗?历史会重演吗?我们终于靠近了我们关心的问题。

三

作者给出了肯定的回答:“如果说,过去的劳工运动的动态发展机制能够作为预测未来的指南的话,那么,我们有充分的理由预言:在未来的10年里,墨西哥和中国将出现强大而独立的汽车产业的劳工运动。”[1]考虑到本书出版于2003年,如今10年已过,而中国并未出现“强大而独立”的劳工运动,我们不得不说作者颇有自信的分析模型失效了。在本书中文版序言中,作者注意到2010年5月(广州)本田公司位于佛山市的一家生产汽车变速器的工厂发生的罢工事件,该事件曾导致公司一时停产。不过,作者明显夸大了此次罢工对于其模型的意义——这家工厂占本田公司在中国合资、独资公司全体中的比例并不高;作者亦未注意到该“日系独资”工厂的特殊性格。

然而,我们的目的并非在于指出作者模型的失效;相反,这种“失效”带来的困惑迫使我们去思考:为什么迄今为止卓有成效的分析模型,当用于中国事例时却出现了严重的偏差?在笔者看来,最主要的原因就在于作者对中国政治经济体制的不理解。作者没有理解“社会主义市场经济体制”是与资本主义体系有着本质差异的经济体系。换言之,本书的资本—工人运动模型在资本主义秩序运行的社会环境中,可以提供社会科学特有的准确描述及一定程度的预测;但当作

---

1 [美]贝弗里·西尔弗:《劳工的力量:1870年以来的工人运动与全球化》,第82页。

者将其分析用于中国时,就出现了根本性的前提错误。

如同本田罢工事件后人们注意到的一样,地方政府为保持生产总值而对劳工福利的漠视、工会参与能力的薄弱,构成了此次罢工的制度背景。然而,正是在这种制度下,中国提供了大量廉价、高素质、易驯服的劳动力。问题的蹊跷之处在于,这些劳动者既未得到(工人阶级)国家的有效法定保护,亦未能展开更富有成效的自主抗争——在资本主义制度下,后者由于往往有跨阶级的、全社会性质的援助,更呈现出富有力量的斗争形态。在当代中国,地方政府可以多大程度上容忍这种在政治上具有高风险的劳工抗争?结论不言自明。

四

问题的严重性可能尚未得到认识。由于全球产业资本快速地进入中国,上述罢工事件意味着一种征候。就资本转移到中国这一现象自身而言,马克思已经作出了有力的解释:资本寻求廉价的劳动力。改革开放后中国迅速出现的"新型农民工人",即农民工,成为这种资本狩猎的主要对象。农民工这一阶层的奇特之处在于,它在生产过程中具有历史上所有产业工人的所有特征,却不具备与那些工人同样的政治身份——与城市普通工人平等的公民身份。这种政治与政策安排,导致了多数分析资本主义经济体系的工具与模型在中国失效。

比如,在关于劳工与全球化关系的文献中,"竞次"是当下的一个主要论点:由于制造业在相对低收入国家尤其是中国的迅猛发展,引发了世界范围内工人之间的激烈竞争，从而导致了工人生存状况残酷而持续地恶化。依据"资本到哪里，劳资冲突就到哪里"这一论据，作者对"竞次"论进行了反驳。但作者没有注意到的是，全球资本来到中国，在一定程度上终止了劳资冲突随之而起的、由资本运动引发的规律，而这才是反驳"竞次"的主要论据。

"竞次"终结于中国，这究竟意味着什么？意味着中国劳工生存状况持续恶化吗？并非如此。事实上，这种资本运动与政治安排的结果是，中国具有特殊身份的劳工的福利长期保持在一个非常低的水准上；正是这种低水准的超常稳定状态，使中国暂时表现为全球（低端）制造业及"竞次"的终结者地位。试想一下，其他国家又如何提供数量如此庞大、易被驯服的廉价劳动力？这种资本与劳动力的特殊政治安排，成为中国财富增长的原动力；在国民享受这种财富的同时，内藏于这种安排的危机——诸如生态环境危机——也以普遍的形式呈现了出来。

然而，更严重的问题仍在于生产、存在于劳资冲突自身。在特殊的劳资安排中处于无力地位的劳工，可能采取拐弯抹角的、隐蔽的抗争形式。苏联的工人阶级提供了这方面典型的事例："在 20 世纪 70 年代和 80 年代时，广泛的酗酒、旷工和粗制滥造等问题折磨着苏联的企业家们。或许，正是这些隐蔽形式的劳工抗争而不是公开的反抗，对促使苏联最初实行的自上而下的改革起到了关键作用。"[1] 苏联的改革最终失败了，但工人这种隐蔽性的抗争无疑是社会变革的动因之一。

1　[美]贝弗里·西尔弗：《劳工的力量：1870 年以来的工人运动与全球化》，第 235 页。

内在于上述特殊的劳资安排的困境，或许需要通过重新的安排来加以排除；在这种新的安排中，资本与劳工的利益，将得到恰当的法律保护。如果这种重新安排得以实现，那么本书作者基于严密的社会科学分析而作出的预测，将得到经验的重新证实。当然，如同上述本田罢工事件体现的一样，新秩序下的劳工抗争非但为抗争者自身，最终将会为社会全体福利的增大作出贡献。

（原载于《时代周刊·时代阅读》2012 年 6 月 29 日）

十八

德国的历史教育与欧洲政策

一

谈及什么是好的历史教育,人们容易举出战后德国的事例。德国自 1945 年战败的“零时刻”起,第三帝国的“国家社会主义”体制及其意识形态被彻底否定,加害者得到了审判,经济与社会得到复兴,国家融入统一进程中的欧洲,这些都成为人们进行判断的标准。然而,这些显见的“标准”只是结果,只是真相的某种外在表象,从而无助于我们对真问题的认知:为何德国的历史教育取得了成功?这本论文集《审查历史:日本、德国和美国的公民身份与记忆》[1]中有关德国的文章,给我们提供了必要且丰富的启发。

本文集涉及现代日本、德国与美国在各自历史教育领域中的相

1 [美]劳拉·赫茵、[美]马克·塞尔登:《审查历史:日本、德国和美国的公民身份与记忆》,聂露译,北京:社会科学文献出版社,2012 年。

关问题。这种做法多少会让人感到困惑:在什么意义上,或者说在什么视角下,这三个性格迥异的国家的历史教育问题可以放在同一平面上加以比较?在第一篇的导论中,编者给出了本书的视角:“学校和教科书是重要的媒介,通过它们,当代社会可以传播公民观念,讲述美好的历史和光辉的未来。它们提供权威的国家叙事,界定正确的公民行为,规划国家想象的边界。像教科书本身一样,关于民族国家的叙事总是未完成的工程,需要不断地修订和反复地解释,以便在变化的时代保持其连续性。”这种国家主义视角因其务实而不难理解。历史教育之所以重要,是因为它与宏观的国家行为与微观的个体行为息息相关。

读者可能担心,本书是否试图恢复历史教育中问题重重的国家主义框架?毕竟,“审查”这两个字会让许多人感到由衷的不快,因为作为国家主义逻辑的极致,历史教育可以完全成为奴役个体的工具。英国小说家乔治·奥威尔在《一九八四》中有一个广为人知的让人不寒而栗的说法:“党的一句口号说,‘谁控制过去就控制未来;谁控制现在就控制过去。’……凡是现在是正确的东西,永远也是正确的。这很简单。所需要的只是一而再再而三,无休无止地克服你自己的记忆。他们把这叫做‘现实控制’;用新话来说是‘双重思想’。”通过控制现在、控制现在的历史教育,即进行无边无际、无远弗届、无孔不入的饱和宣传,来控制历史,进而控制人的灵魂,这是极权主义无人不晓的逻辑。这种逻辑因其简单、粗暴而行之有效。

然而事实的另一面是,这种“现实控制”——姑且在中性的意义上暂时使用这个臭名昭著的用语——的逻辑中具有某种建设性的要素,这正是本书编者的慧眼所在:好的历史教育对形成优良的公民具有不可替代的作用;而优良公民则会对国家行为进行约束与控制。这是一种朴素的现实主义视角。那么,从这个角度来判断,我们如何看待作为历史教育“优等生”的德国与“劣等生”的某些国家的区别?我们有必要审查它们的历史教育。

二

其实,在国民国家(nation-state)的框架内,优等生与劣等生在历史教育上有着类似的主旨与做法,即为现代社会培育优良公民。二者的分歧毋宁说在于公民的内涵自身。对于德国而言,“国家神话的断言和民族统一的叙事，都不是国家地位的核心要素，德国教科书集中表述了一个更加全球化和多元化的世界，以及被淡化的德国认同在该世界中的地位。”[1] 事实上，德国的学校教育用“欧洲理念和传统”（它们被宽泛地界定为民主原则、社会正义和人权）取代了与民族主义相关的内容。德国的公民教育力图淡化其公民的德意志属性，着力强化欧洲公民乃至世界公民的属性。二战后德国的复兴，及其在欧洲乃至世界事务中呈现出的卓越性格，与这种公民的内涵及尺度有关。那么，德国的欧洲认同是不是某种变形的、伪装的德意志认同？

仅仅指出欧洲认同是一个扩大化的国家认同，这将让我们的认识停留在肤浅的层面，并混淆我们的判断。原因并非仅仅在于，民主、社会正义与人权观念乃是当代人类共有的价值观与文明观，而非“欧洲”特有的理念和传统。原因更在于，“欧洲理念和传统”首先是一个“被发明的传统”，是一个不断被建构、被修正、被发展的文明传统。德国认同欧洲化的意义就在于，它为德国克服国民国家框架的束缚、确立新的国家定位与认同提供了现实可操作的空间。换言之，德国参与到了这一健康传统的创造中。德国各界精英对欧洲认同坚定不移的信念以及为此付出的努力，如今已成绩斐然。

就塑造公民这一目标而言，现代日本的历史和公民教育堪称与世界同步：民主、正义与人权同样构成了教育的主要内容。这也解释了为什么日本国民在整体上呈现出令世界惊异的素质。那么，为什

1　[美]劳拉·赫茵、[美]马克·塞尔登：《审查历史：日本、德国和美国的公民身份与记忆》，第127页。

么日本的历史认识问题依然为世人所诟病？问题在于“公民”自身——当“公民”面向世界社会时，德日两国在历史教育上的结果高下立判。德国的公民教育获得了实实在在的世界主义、普遍主义的内容；参与欧洲统一进程的这一欧洲政策，为这种超国家的公民教育提供了本质重要的制度保障。与此相对，战后日本虽然有试图克服国民国家逻辑的“和平宪法”，即以“放弃战争、不保持战力、否认交战权”为核心的宪法第九条，但欠缺超国家的制度安排与实践。这种教育所能达成的最高目标，也无非就是“优良的国民”，而非具有世界主义指向的公民。

这样看来，审查历史教育，也就是审查国家品格的高下。值得注意的是，二战后德日两国置身其中的具体的国际关系与世界政治结构，主要决定了它们的历史与公民教育。这一点可见于战后德国的历史教育的真相。

三

众所周知，1949 年在第三帝国的废墟上先后成立了两个德国：民主德国（东德）奉行社会主义制度，而联邦德国（西德）奉行西方自由民主制。由于冷战后前者近乎无疾而终，人们通常忽视了“两个德国”在进行历史教育时的不同做法及其后果。

事实上，两个德国都努力进行了历史清算，但方式迥异。东德采用了一种对历史事实进行简化的处理方式，而西德则是进行选择性的遗忘。前者将责任推给了特定的阶级，通过与其划清界限来确立自己的清白;而后者则是一种复杂的自我保护机制,寻求在巨大的羞愧、遗憾、忏悔与责任面前维护生存的意义。后者体现的是人道主义,而前者可称之为"阶级主义"。因为这种分裂与意识形态的对立以及事后的统一,德国的历史教育给其他国家提供了极富教益的经验。

比如,历史学家多注意到,在东德官方的"历史的物质主义"(又译为"历史唯物主义",即 materialist ische Geschichts auffassung)信仰中,"犹太人"身份几乎遭到完全的忽视;犹太人的苦难被解释为阶级斗争的结果。在东德御用学者集体编写、并为国家所批准的历史教科书中,反犹主义和大屠杀被解释为邪恶的法西斯政权逻辑的延伸。"马克思—列宁主义历史观……为作者建立某种因果关系提供了意识形态基础。他们把为了公司利益而在集中营使用强制劳役看作大屠杀叙事的一个关键部分。"[1]种族灭绝性的大屠杀被简化为物质性的阶级利益冲突。基于同样的理由,在后来东德自己进行的纳粹审判中,数百名被告被处以极刑(与此相对,西德的死刑判决记录为零)[2]。

在东德,"不让法西斯主义复活"这句教育口号冠冕堂皇。不过,这个口号的目的与其说是进行公民教育,毋宁说是进行区分敌我的政治教育。这个一再被重复的口号只是意味着,法西斯主义只可能存在于西德,因为那里资产阶级仍然控制着社会的经济命脉。相反,东德因实行社会主义公有制,铲除了阶级压迫的基础,已经一劳永逸

1　[美]劳拉·赫茵、[美]马克·塞尔登:《审查历史:日本、德国和美国的公民身份与记忆》,第231—232页。

2　参见[英]布衣《罪孽的报应》,北京:社会科学文献出版社,2006年,第158页。

地铲除了法西斯主义。然而,这个建立在阶级史观基础上的“清白证书”只是一厢情愿。强力的经济改造与人员的大清洗并不意味着历史认识问题得到了解决。实际上,东德只是用同样问题深重的阶级主义替换了第三帝国的种族主义而已。1970 年代后期柬埔寨红色高棉政权进行的大屠杀表明,以阶级界定公民的身份与用种族界定公民身份,在逻辑与实践上何其相似乃尔。

与此相对,在西占区进行的非纳粹化活动,可谓是步履蹒跚、反复无常。比如,在英占区,近百分之九十的被告被宣判“无罪”;在美占区,被判“无罪”的比例只有三分之一左右;而在法占区,这个比例大约是二分之一。由于标准不一,当时的德国人绞尽脑汁地进行自我辩解、自我漂白。战后初期,大约五万名文职人员因其前国家社会主义党党员的身份被解职,但其中仅约一千人被终身禁止出任公职。并且,根据 1951 年的《复职法》,许多人得到了重新起用。据统计,该时期政府官员中百分之四十到百分之八十的成员是前国家社会主义党的党员[1]。联邦德国就是在这种暧昧的、很难称为彻底的历史清算的基础上,开始了以自由主义为理念的社会建设。但这种建设的成绩却有目共睹,并最终吸纳了东德的五个州,实现了民族的统一。

如果说西德通过“集体失忆”实现了对大屠杀的恐怖记忆的压制,那么东德压制这种恐怖记忆的方法则是另外一种恐怖。在苏联的扶持下,东德最终实现了连第三帝国的盖世太保(“国家秘密警察”)也难以望其项背的目标:用巨大的秘密警察网(“国家安全警

1 参见[英]弗尔布鲁克《德国史 1918—2008》,卿文辉译,上海:上海人民出版社,2011 年,第 130—162 页。

察”)将国家与全体公民包裹起来。这个简称“斯塔西”的庞大组织或许是东德最恐怖,因而是最高效的国家机器。后世史家对此有如下的描述和评论:“随着人员的增加,分工的强化和部门的细化,以及越来越多归它支配的资源,斯塔西不仅有能力并且实际上履行了传统的对外谍报职能,它也同时对国内持不同政见的个人和团体进行监视、干预和劝导,如果它认为必要的话,也不排除从肉体上消灭一个人或摧毁一个组织。”问题的严重性更在于它造成的结果。“它对民主德国人民日常生活的监控之严和潜在的毁灭性的影响之大,超出了世人的想象。由此导致了人们相互关系中永远不会消失的不安全感,也为统一后的德国留下了一个沉重的历史包袱。”[1]显然,这个历史包袱就是人性遭到的践踏与凌辱、丧失与荒芜。

人民有免除恐惧的自由。由于这个以恐怖为后盾的国家对人民表现出肆无忌惮的侵犯性,数百万东德人先后向西德移民。当1961年8月东德总理乌布利希下令修筑柏林墙后,人民就被彻底变相软禁了起来。作家贝托尔特·布莱希特在一首诗中对东德政府进行了辛辣的嘲讽:“如果人民不喜欢政府,最简单的办法就是解散人民,另外选举一个人民。”[2]

由于东德自己签发的“清白证书”本质上是对历史的虚无化,它只能将希望寄托在未来,并在实践上以创造“社会主义新人”为自己的公民教育目标。这种教育在逻辑与事实上俱背叛了设计者的初衷:所谓的“社会主义新人”都是屈服于权力的顺从的臣民,而非独立

1　[英]弗尔布鲁克:《德国史1918—2008》,第228—229页。

2　[英]弗尔布鲁克:《德国史1918—2008》,第257页。

的自律的公民。在这种意识形态教育中得以苟活的人们,只好进行“思想移民”,过着“双重生活”:在公开场合与党和政府保持一致,在私人生活中则暴露真实情感。其中有极少数人成为公开的异议分子,一次一次地挑战政府设定的高压线,与其展开猫捉老鼠的游戏,并乐在其中。

四

历史教育在许多国家都是富有争议的话题,这并非因为人们无法达成共识,而是因为,只有允许进行争论,好的历史教育才有可能存在。这种教育与自由的、开放的社会在结构上是一致的。也只有与这种体现了人类文明的政治制度相一致的历史教育,国家才能实现其有益的目标,即培育好公民——既是好的国家公民,又是好的世界公民。好的历史教育体现的是“人性时刻”;在这个时刻,人性必须置于其他属性(诸如神性、党性、阶级性)之上,获得至高无上的优先地位。如果说历史教育就是政治教育、公民教育,那么坏的历史教育就一定是坏的政治教育、坏的公民教育。让我们暂且容忍一下这句稍微显得重复的表达,因为它让我们在认识的艰难之途上前进了一步。

好的历史教育依赖于好的政治制度,所有无论是对内还是对外犯下罪孽的民族与集团,都可从德国对历史遗嘱的执行经验中获得这种启发。德国的经验同时表明,国际关系在塑造国家定位、公民认同中的作用至关重要。只有在一个真正具有普遍主义志向的世界政治结构中，国家才能走上通向文明的道路；在这条路上，所有国家都没有无法进行的改革，没有无法解决、治愈的宿疾与沉疴，没有无法化解的毒素与毒瘤。

（原载于《东方早报·上海书评》2012年12月17日）

十九

施特劳斯：道济天下之溺

一

同某些卓越的思想家一样,列奥·施特劳斯(1899—1973)在世界的学术界中也似乎有着复数的面孔:首先作为"政治哲学家"的定位在其生前就已经奠定;在其殁后仅十数年,作为"犹太教哲学家"的地位得到了重新发现和确立,同时作为"政治哲学家"的形象得到了进一步的强化。而在国朝学界则景象稍异:作为"古典政治哲学家"的施特劳斯面目跃如。——这一现象据说甚至引发了"友邦惊诧",成了一个"中国问题"(后述)。由于施特劳斯被视为"执意不让别人发现自己的真实面目"的人,[1]下面笔者首先依据对本书《斯宾诺莎的宗教批判》的阅读,大略描绘一下施特劳斯的几张面孔。

1 参见[美]朗佩特《施特劳斯与尼采》,田立年、贺志刚等译,上海:上海三联书店,2005年,导言第3页。

本书的正文部分最初是作者的德文著作,原题是《斯宾诺莎作为共圣经学基础的宗教批判:斯宾诺莎〈神学政治论〉研究》[1]。这是一个中规中矩的学术题目,因此它也似乎比作者在1965年出版的英译本题名《斯宾诺莎的宗教批判》[2]更有益于读者理解本书的内容。然而,读过作者为英译本撰写的长篇序言之后,我们发现事实并非如此:前者至少在表面上隐匿了作者的部分意图。

首先让我们注意一个基本的事实:《批判》的正文部分发表于1930年(撰写于1925—1928年),而"英译本前言"则发表于1965年(撰写于1962年),换言之,我们大致可以认为两个文本分属于作者

1 Leo Strauss, *Die Religionskritik Spinozas als Grundlage seiner Bibelwissenschaft: Untersuchungen zu Spinozas Theologisch-Politischem Traktat*, Akademie Verlag, Berlin, 1930.

2 Leo Strauss, *Spinoza's Critique of Religion*, The University of Chicago Press;下文简称《批判》。

的早期和晚期著述时代。这样我们就有理由猜测:施特劳斯亲自执笔的“晚年定论”对于理解斯宾诺莎的宗教批判这一主题,甚至对于理解施特劳斯本人的思想有何启发?或者我们可以这样提问:与德文原著相比,作者亲自策划的这部英译本《批判》更要向读者传达怎样的信息?这个问题并不容易回答,因为它首先是如何阅读的问题。

本书正文部分的主题并不难理解:如何理解在欧洲的经学史中占据有突兀地位的斯宾诺莎的“圣经学”。对于斯宾诺莎的“圣经学”,国人无论是否熟悉这门经学传统,只要瞥见其英文名称 Biblical *science* 或 Bible *science* 庶几可释然于心:圣经学就是以近代科学的实证方式研究圣经的科学。“科学”这个字眼终于让我们感到安心,我们可以对这一进步的“圣经学”、对传统进行了“科学的”研究与批判的作者作出客观而历史的评价了……然而,我们必须在这种习以为常的评价方式面前暂停下来,因为施特劳斯在本书中悄悄地问了我们一句:保证我们这种评价的那种“安心”本身为何物?“科学”天然就可让人们安心吗?在《批判》正文的开篇处,施特劳斯直接进入正题:正是人们的“心灵不安”以及因此而寻求心灵慰藉的“兴趣”或曰“动机”才是理解“宗教”,进而理解“科学”这个词语(以及以“科学”为基础而衍生、建构出来的话语体系)的命脉所在。这样,施特劳斯将读者重新带进了所谓“现代性”问题的根基部分。

施特劳斯注意到,斯宾诺莎的宗教批判根源于古典希腊时代的宗教批判,尤其是伊壁鸠鲁的宗教批判。在施特劳斯的解释当中,伊壁鸠鲁认为知识的根本目的是通过推理论证而获致幸福,而科学仅仅是获得幸福的一种手段;在这里,幸福是通过其反面,亦即由于恐惧引发的心灵不安的状态所界定的。这样,就出现了宗教批判的“动机”:在古典时代人们对各路天神地祇的恐惧、在启示宗教支配的时代人们对上帝的恐惧就是宗教得以产生的温床;虽然人们对社会生活与政治生活的“关心”被后来的宗教批判——比如阿维罗伊的批判传统——引入到宗教批判领域当中,但问题的本质并未改变。从根本上说,宗教批判问题的本质在于两种世界观的对立:科学的世界观与神话—宗教的世界观。

事实上,整个宗教批判的历史最终可以化约为上述两种世界观对“幸福”的争夺。施特劳斯在本书正文的最终分析当中,二者的斗争——也表现为理性与信仰或哲学与神学的斗争——胜负并未见分晓。在施特劳斯看来,斯宾诺莎的圣经学就其根本性的无神论“信仰”而言,并未离开历史上的宗教批判的平面:斯宾诺莎与其宗教批判的先驱——比如施特劳斯重点考察的达科斯塔与拉佩雷尔的宗教批判并未离开“圣经真理”的问题,而斯宾诺莎实证性的圣经学研究则试图回避对这一更为根本性的问题进行判断。

为了证实这一点,施特劳斯在《批判》的主要部分当中采用了所谓“内在批判”的方法:通过揭示斯宾诺莎论证的内在逻辑谬误而瓦解其批判的力量。这是一种行之有效的方法:还有什么比证明对方陷入了循环论证或者自相矛盾能更有益于瓦解宣称以“科学”为根基的体系呢?施特劳斯刻意排除了诉诸社会历史的论证,因为在他看来,这样的论证恰恰是一种循环论证。在宗教批判中(又不仅仅局限于宗教批判),本质的问题是人们的“动机”或曰“兴趣”以及与此相关的“确信”或曰“信仰”。因此,施特劳斯认为斯宾诺莎有意无意地掩饰了自己的逻辑起点,而揭示这一点也正是作者在本书中的主要工作。

二

依据施特劳斯的上述提问方式,现在我们要问的是:施特劳斯本人撰写这部《批判》的根本"动机"或"确信"为何物?换言之,施特劳斯仅仅满足于对斯宾诺莎的揭露与批判吗?当我们转向本书"英译本前言"时,很容易找到答案:在这篇"夫子自道"式的序言中,施特劳斯直截了当地说,本书撰写的动机来源于作者当时"神学—政治学的困境"。这一困境的现实根源就是所谓的"犹太人问题"以及"现代性问题";而问题的复杂性在于,这两个问题因近代理性主义与自由主义的成立而必然联系在了一起。在施特劳斯看来,这种"必然性"的肇端正是斯宾诺莎:斯宾诺莎是历史上第一位"兼民主主义者与自由主义者于一身的哲学家",尤其重要的是,他是一位"因其家世、因其天赋、因其学识"而被犹太人寄予厚望的犹太人。因此在施特劳斯的问题意识当中,近代"犹太人问题"已经不再是单纯的个别问题;作为所谓"人的问题",它得到了重新的界定。这样,斯宾诺莎的宗教批判以及施特劳斯的再批判都获得了新的定位:它们在根本上皆是政治哲学的问题。

在这篇结构异常紧凑、内容密度极高的长篇序言当中,作者在描述了德国自由民主制的脆弱之后,随即转向了德国犹太人的问题。在施特劳斯看来,德国犹太人问题的症结在于,他们相信自由主义已经一劳永逸地解决了他们的问题:德国犹太人仅仅是具有犹太教信仰的德国人。然而,心情的诚挚与理论的完美并无法保证政治的品格——政治要为生活方式服务。在这个意义上,近代自由主义很快暴露了其自身致命的逻辑缺陷:以私人领域为基础的自由主义的"中立"原则虚有其表,因为这种原则甚至助长了私人领域中存在的犹太人歧视的问题。这样,施特劳斯就简洁而有力地宣告,基于"自由主义"的犹太人问题解决方案破产了。然而,在施特劳斯看来,不同于自由主义解决方案的"政治犹太复国主义"与"文化犹太复国主义"方案也无法成功。那么,施特劳斯似乎只能去思考,"回归犹太共同体"是否蕴涵着依旧未知的可能。这种可能性引出了一个更根本的问题:启示与理性在现代性状况之下的关系问题。

施特劳斯将犹太教哲学中关于二者关系的思考区分为"旧思考"与"新思考"两种样式。在近代科学与历史主义的进攻面前,犹太教的"旧思考"试图调和启示与理性的关系问题:"旧思考"不要求对上帝的直接经验,因为理性仅能知晓各种主体和客体,而上帝却处于主客体之外。这种"旧思考"最终被源于犹太教哲学家罗森茨维格的"新思考"、一种无条件的经验主义所侵蚀,因为这种"新思考"将上帝放置到直接经验的领域当中,要求回归圣经启示。这种调和显然无法满足现代人所特有的心性,于是它遭到了另一种来自海德格尔与尼采的"新思考"的对抗:上帝完全被放逐了,无神论似乎取得了胜利。

无神论取得了胜利——这是在什么意义上说的?人们果真可以就此心安理得了吗?在这里,施特劳斯登场了:他通过引述布伯对海德格尔的批判而指陈说,海德格尔的“新思考”依旧在隐蔽处暗藏着一个“信仰”的根基——某种形式的圣经道德;无神论也不过是圣经道德的末裔而已。这样,犹太人问题的解决方案的可能性就重新出现在罗森茨维格的那种“犹太教回归”当中。然而,在这种解决方案中依然存在着各种暧昧的问题与困难,这直接导致了斯宾诺莎的出现:他非但公然否认犹太教,而且亦不以基督教徒的身份存在;换言之,作为第一位自由民主主义者的斯宾诺莎进入了历史。注意施特劳斯这一句话:“如果仍然有回归于正统的可能,那么条件就是斯宾诺莎在所有方面都是错的。”

斯宾诺莎是否会在“所有方面”都是错的?答案恐怕是否定的,但真正重要的问题并不在这里,因为这个全称命题式的发问另有所图。施特劳斯特别注意到,另一位著名的犹太教哲学家柯亨认为“斯宾诺莎在最关键的方面是错误的”。在这篇序言接下来的主要篇幅中,施特劳斯具体分析了柯亨的斯宾诺莎批判:这一批判的起因以及它的内在问题。引人注目的是,柯亨专门站在犹太民族利益的角度对斯宾诺莎的“没有信仰”“对自己的同胞完全缺乏忠诚”等行为进行了激烈的指责,而施特劳斯以他自己的评述方式表达了立场。不过,施特劳斯接着追问:如何“理解”斯宾诺莎的行为?注意这里的“理解”已经不同于柯亨意义上的理解——施特劳斯要重新回到哲学领域。施特劳斯说,他读到了斯宾诺莎的苦心孤诣之处:斯宾诺莎“用其唯一所能设想的方式设想了犹太人的解放之路”,那就是基于“自由主义国家”原理的方案。因此在施特劳斯看来,柯亨的盲点在于他未能理解斯宾诺莎所处时代的“政治现实”,未能理解作为哲学家的斯宾诺莎特有的“文体”和“写作方式”；当然如施特劳斯本人承认的一样，他早先并未达到这样的理解境地。

然而应该注意的是，施特劳斯在这篇序言的开篇伊始就已经指出了斯宾诺莎的自由主义方案的本质缺陷，这样他就将他自己的“理解”的意义限定在了一个非常有限的领域之内，因为对施特劳斯而言重要的问题是这种方案的理性根基问题。斯宾诺莎认为自己通过“源于知性之正直的无神论”理解并克服了正统，然而在施特劳斯的分析中，这种态度的根基却是“意志的行为、信仰的行为”。换言之，涉及根本问题的信与不信只是“意志”层面的问题；在这个意义上，正统甚至因理性的自我毁灭而取得了胜利。虽然如此，倘若就此宣称“告别理性恐有不智之虞”，因此施特劳斯在理性与启示之间并未作简单的选择，他首先将目光投向了中世纪。——这是否就是施特劳斯的“定论”？注意他在序言最后的述怀中一个有意无意的说法：虽然在撰写本书时他认定“回归到前近代的哲学已不复可能”，但那只是当时的一个“强烈的偏见”。

三

回到我们最初提到的“中国问题”。这个问题可以表述如下：中国对本来是“大西洋两岸”的施特劳斯而言，“干卿何事”？开启中国这场“斯特劳斯运动”的核心人物之一的刘小枫先生在《施特劳斯与中国：古典心性的相逢》一文中对此已有分析：关注施特劳斯进入中国的西方学人有两类，一类是具有“古典心性”的学人，一类是感到

“忐忑不安”的人——后者担心中国可能就此不再“尚同”,不再“盲目而热烈地”追逐西方。其实这个说法也适用于中国学人。换言之,因施特劳斯进入中国学界之故,一部分人感到心平气和、甚至某种重逢的喜悦,而另一部分人则“焦虑”了起来。然而不拘立场如何,人们关注的焦点是一致的:他们关注的俱是中国的古典或这一古典的可能性。

因此,问题就在于,中国学界似乎无论自己意愿如何,皆应让上述“中国问题”变得名副其实,因为它首先是中国自己的问题。让我们重新回到上面略述过的施特劳斯的“问题意识”。如果我们对现代性之下的“犹太人问题”删繁就简——注意施特劳斯在前言中对犹太人“选民性”的重新解释,那么我们在形式上可以得到这样的类比:中国的“现代性”问题及其解决方案在某种程度上堪比“犹太人问题”的解决方案。中国难道不是曾经试图以否定自己的传统的方式进入世界历史吗?近数十年来,中国难道不是一直在试图以现代化“优等生”的身份融入到自由主义的世界秩序中吗?倘若如此,那么“犹太人问题”的现代解决方案的问题在某个意义上难道不正是中国今日所面临的问题吗?这难道不是一个关乎国祚的根本问题吗?让我们停止继续发问,因为这种纯粹形式上的追问已足以让我们悚然,但也正因此而愈让我们心安:“中国问题”的结构已然清晰地呈现了出来。从多个意义上,中国学界要学会适当地“向后看”,而不是一味地“转化”“创新”了。至少从学者“知性的正直”、从谦逊的意义上而言,难道不更应该如此吗?

施特劳斯在本书中告诉世人:所有的正统最终都没有被驳倒,它们只是一时被“嘲笑”出局而已。这一点或许不会让中国学人感到意外：五四时期部分人士以及他们的精神末裔是如何打倒自己的正统的？方法不外乎两种：“嘲笑”与“证伪”。在这种双重的机制当中——浅薄的笑声与庄重的考证显得相得益彰——真正重要的问题被转化、被掩饰、被回避了。现在看来，归根结蒂这一历史并不令人痛心疾首，只是在此处“耽搁了几多英雄汉”而已。施特劳斯在评论保守主义时有这样一席话：“如果没有在这种被珍视有加的传统的开端开始、并且在其发展过程中至少默默经历过反复的断裂、革命，以及各种亵渎神圣的行为，那么这种传统就根本不会产生。”对国人而言，这意味着什么？或者让我们问得更具体一些：自家的传统或“正统”是如何而来的？

事实上，施特劳斯并未泄露什么特别玄妙的“天机”给国人，因此海内外学人自可不必感到讶异；至少就人们所热衷指出的施特劳斯的某些“教诲”而言，国人只要回过头来对“自家宝藏”瞥上一眼，皆可释然无滞。那么，愿不愿意“回头看”这样一个意愿本身就成了本质的问题。因此，也只是在这个意义上，我们才能谈论某种意外的感觉。换言之，新近寻得的施特劳斯的“真理与方法”——对学界而言，毋宁说更重要的是施特劳斯的“方法”——确实带来了意外，因为一种由淡淡的惊奇、不安、困惑、憧憬等情绪编织而成的问题已然在许多人心中若隐若现：自此以后会出现何种气象？

简言之，事情并不复杂：施特劳斯因其独特的“古典”政治哲学家身份而进入中国；施特劳斯对“古典”的解释唤起或曰激发了学界思考的“古层”——至少，圣贤孔子不就是“述而不作、信而好古”吗？

这不是久违的一种独特的历史意识与文化方法吗?因此,施特劳斯带来的是一种认识,更是一种方法:对我们来说既陌生又熟悉的方法。是机缘凑泊亦是先觉之士上下求索的结果使然,这一方法恰巧有益于今日刨破历经百年的理障。只有寻得了自家那一点根基之后,方得有继往开来之功。这道理自是平实,并非源于何人私意之安排思索或超悟独得。对有志于"道济天下之溺"者而言,道理或许早已是一了百了,本无须此赘言耳。

(原载于拙译《斯宾诺莎的宗教批判》,施特劳斯著,华夏出版社,2013 年 1 月)

二十

市场与传统国家观念的终结

提到“新自由主义”，人们往往会想到该主义所构想并为许多国家所实践的一套经济学说，包括“效率优先”“市场优先”“私有化”等等。然而，法国思想家米歇尔·福柯告诫人们说：“我们不应当被迷惑，当前的新自由主义完全不是人们通常所认为的那样：它是形成于18世纪和19世纪的自由经济之旧有形式的复苏和复发。……当前这种新自由主义的问题之所在是某种更重要的东西。”[1]可以设想，如果这种“更重要的东西”果真存在，那么它将关乎人类社会生活、人类文明的核心要素。事实上，它对人们关于国家的各种习以为常的观念，提出了一种替代性的方案。福柯举出了二战后德国重建的事例。

1948年4月，德国(美英法占领区)经济管理部门成立了一个专

1　[法]福柯：《生命政治的诞生》，莫伟民、赵伟译，上海：上海人民出版社，2011年。

家委员会,该委员会“认为指挥经济进程应该在最大可能范围内由价格机制来保证”。当时德国正面临一个被绝大多数人视为自明的前提问题:国家不存在,如何使一个国家得以生成?更重要的是,如何使其具有正当性?这正是德国重建的难题,相关各方为此发生了意见分歧。4 月 18 日,该委员会负责人、经济学家路德维希·艾哈德力排众议,确定了基调:“应该把经济从国家约束中解放出来。”“应该避免无政府主义和蚁民国家”,因为“只有建立了自由和公民义务的国家才能正当地代表民意”。最后一句话的含义,人们耳熟能详。然而,在福柯看来,前一句的政治含义才性命攸关,因为它意味着一种全新的“国家观”正式进入了历史的舞台。

如果说形形色色的极权主义国家观已经随着第二次世界大战的终结,随着苏联体制的解体而消失,那么今日看来,这种新的国家观念依然不失其新意:它意味着传统政治自由主义国家观念的终结。不过,这种"新意"需要加以正确、正当的解读。事实上,在福柯的新自由主义解释中,正是伴随着传统政治自由主义国家观念的终结,"国家"与"自由"反而获得了新生。

福柯叙述说,面临如何重建的德国,上述委员会达成了共识:"只需假设……一个框架X,其性质和根源不重要。假设此制度框架X,其功能当然不是行使主权,因为在当前情况下,没有任何东西奠基法律的强制权,而仅仅是确保自由。……经济自由制度不管怎样应该具有也能够具有虹吸管的功能,能诱导政治主权的建立。"这种框架的独特之处在于,政治主权从属于一种刻意安排的经济制度。要注意的是,这种说法并不意味着人们所熟悉的"经济基础—上层建筑"关系的成立。这句话仅仅意味着,"经济自由制度"的全部含义仅仅是,自由的"市场"居于社会组织原则的核心地位,国家、社会与公民的各种活动均要以市场为组织者与协调者。

经济自由制度是"国家"正当性的基础,这意味着"国家"从各种政治的、哲学的、神学的观念中获得了解放。福柯对此有如下论述。

> 我认为……经济给德国带来的不仅仅是刚刚被历史取消掉的一个法律结构或一个法律的正当性。这种经济制度以及这个经济制度从一开始就只在确保和维护的经济自由,产生出某种比一个法律的正当性更真实、更具体、更直接的东西。它产生出

永久不变的共识,那些能够出现在经济活动之中和内部的因子的共识。投资人、工人、工厂主、工会,就是这样的因子。所有这些经济合作伙伴,就他们接受了这个自由经济的游戏而言,也就达成了一个政治的共识。

这种政治实践的共识,来自思想的共识。弗莱堡学派(或秩序自由主义学派)成为这种思想共识的知识发动机。比如,这一学派的代表人物、经济学家瓦尔特·欧肯(1891—1950)为1948年艾哈德召集委员会主要参谋之一。他于1936年创办《秩序年鉴》,1940年出版《国民经济学基础》。1962年返回弗莱堡大学任教的哈耶克,则成为弗莱堡学派的另一代表人物。

福柯总结说,这一学派认为,德国对经济自由制度的阻碍包括以下几个方面。

第一,经济保护主义。从1840年起,经济学家李斯特认为国有政策和自由经济不能并存,认为自由经济不是普遍适用的经济政策,只是某些国家的战术工具或策略,旨在谋求经济霸权和帝国主义地位。第二,国家社会主义。这是德国19世纪末政治上的遭遇。在俾斯麦的纲领下,自由被视为危害民族统一的东西。第三,战争以来的计划经济。第四,凯恩斯类型的经济统治主义。

新自由主义认为,这四种因素在经济上拥有着一种共同的经济—政治常量,人们可以在不同政治体制中找到它,比如纳粹主义德国、议会制英国、共产主义苏联与新政美国。因此,区别不是社会主义与资本主义的不同,不是这种宪法与那种宪法结构的不同。自由主义政策与任何一种经济干预主义之间的区别，才是本质问题。任何一种经济干预主义（其极端是计划经济）均建立在某种资本主义批判之上。资本主义国家出现的一些令人沮丧的后果，被认为是源于资本主义的市场经济。然而在福柯看来，这些批判皆不得要领，甚至是本末倒置。

回到德国的历史经验，福柯指出：既然纳粹主义的实践表明，完全不应该把这些缺陷和破坏后果归于市场经济，那么与此相反，“就要让国家来为此负责，负责国家的内在缺陷及其自身合理性的不足”。因此，人们应该完全将分析倒转，“应该去说：什么也无法证明市场经济有缺点，什么也无法证明它有内在缺陷，因为应该将所有的缺点及其缺陷的后果都归于国家”。

传统自由主义者试图建立经济自由空间，并且让国家为其划定范围并加以监督。在这种观念中，国家独立于市场，并以外在的方式为市场的运营保驾护航。但新自由主义颠倒了这一看法：“从国家出现开始一直到其最终的干预形式，市场自由都是国家的组织和调控原则。”换句话说，国家内在于市场，并受市场的监督；在国家—市场关系中，前者是后者的某种结果、工具，是后者的逻辑生成。在市场面前，国家再无任何特权可言。

我们看到，在新自由主义者那里，“市场自由”而非其他，乃是国家的组织原则；这种国家组织原则与任何实质性的政治的、哲学的、神学的原理与理念无关，而是关乎国家自身生死存亡、关乎人类文明进程的本质。这种本质内在于人性自身，首先在米塞斯的“（人类）

行动学”(Praxeology)方法论中得到了全面的分析与论述。[1] 新自由主义在方法论上告别了国家。

这样，问题就发生了转换：新自由主义能否实现自己的真正目标，即在市场经济的基础之上使国家权力和社会的组织形式得以普遍形式化？或者说，市场是否有能力组织社会与国家？正是在新自由主义所面临的这一任务上，相对于18世纪的传统自由主义国家方案，福柯发现了一种“绝对重要的转变”——新自由主义不是指简单的经济放任，“而是要知道市场经济在政治和社会方面的资讯能力能够延伸至何处”。新自由主义的回答是肯定的。他们对传统的自由主义理论做了一些“转移、转变和翻转”。

在上述“转移、转变和翻转”中，最重要的是将市场的本质从自由交换的场所转换为“竞争”——市场的根本在于竞争。正是对竞争的(人类)行动学意义、关乎人之本性的意义的洞悉，市场被视为国家、社会与公民生活的组织者与协调者。市场经济延伸到人性的一切方面。哈耶克在《通往奴役之路》中将现代计划运动的本质描述为“反对竞争本身的运动”的说法，是其在该书中最深刻的洞察。这一说法正是新自由主义者的核心观念。

那么，这是否意味着市场不管被定义为交换还是竞争，只是一种自然背景，并因此是某种国家应该尊重的、自发产生的事物？传统政治自由主义对此持肯定的看法。然而新自由主义者认为，这是自然主义者的天真。福柯给出了一种超乎新自由主义者的本质主义的解释：竞争的效果只能归于竞争所具有的本质。竞争的有益效果应该

1 [奥地利]米塞斯：《人的行动：关于经济学的论文》，余晖译，上海：上海人民出版社，2013年。

归功于一种形式上的优先。竞争是一种本质,是一种形式化原则,具有内在逻辑,有自己的结构。只有在这种逻辑得到尊重时,竞争的效果才能产生。市场中的各种"不平等",正是竞争得以发生的本质因素。因此,基于市场活动产生的"不平等",是一种根源于人性的、因而不可取消的积极要素。如果政治的正当性诉诸取消这种"不平等",那么这种正当性将或早或晚发生危机。

这样,新自由主义者以市场经济原则来调控国家权力的逻辑关系得到了再次的呈现。为了维持这种关乎市场本质、进而关乎人类生活的"竞争"——因为它不可还原为任何其他活动与价值、在人类社会生活中的作用独一无二,国家权力只能以服务于这种"本质"的方式,才能得以存续。权力正当性的终极根据也在这里。这种国家论述与任何意识形态、与任何基于普遍或特定的政治的、哲学的、神学的原理与价值的考虑,毫无关系。在这个意义上,新自由主义在政治上的含义就是各种传统国家观念的终结。我们看到,福柯对新自由主义学说的解读,为这一学说开辟了全新的政治理论与现实的前景。

这一前景意味着,各种传统国家观念的"终结"以及这种终结的后果,即以维护市场为组织原则的新的国家观念的生成,必须成为我们在新自由主义之下、在新自由主义之后思考任何与国家和公民相关议题的起点。

二十一

作为政治技法的嘲笑

一

看到《中国人为什么看不起中国人》[1]这个书名,自己顿时如坐针毡:经过多年离家的漂泊生活,感觉自己的身份认同只剩下了这个大得有些令人茫然的范畴——中国人。“中国人看不起中国人”,若果然如此,这事将万万与自己无法脱离干系:自己是否处于这种无处容身的难堪境地?不过转念一想,却发现了更大的问题:从逻辑上讲,“中国人看不起中国人”这个全称命题有将所有国人一网打尽之势。那么,“中国人看不起中国人”究竟是怎样的事实?作者如何有如此强势的判断?本书揭示了现代中国社会怎样的自我认识?这样想来,该书值得所有自称或他称为“中国人”的读者阅读。

1　张鸣:《中国人为什么看不起中国人》,重庆:重庆出版社,2010 年。

遗憾的是,作者在文集中并没有直接回答上述问题。不过,或许考虑到了读者可能具有的不同智慧,该书的封皮有意印上了"话里有话"的字样。这个颇有些画蛇添足味道的提示想来包括两层含义:第一,要读书中表面文字提供的话;第二,要读出文字背后的话。

首先,书中文字提供的内容不难理解:这是一部描述当代中国社会,尤其是"衙门阶级"(林语堂语)万千乱象的小品文集,尽管里面夹着对中国古代社会的政治习俗的记载与叙述。这些乱象包括诸如"民告官""官礼""钓鱼执法""城管""学术腐败"等一系列现在进行时事件。事实上,即使是一些以古代中国的某些文化与政治现象为主题的文章中,作者也会用几个或几行字,将其带到当代社会。这些事件足以颠覆许多国人关于常识与良善的基本观念与想象。要言之,秦王朝大一统后形成的官僚社会,是中国社会两千年的真正社会结构;我们所见的无论是古代还是当代的政治怪现状,均是这个结构必然生成的结果。

说到这里,“话里有话”的意思已然清楚。不过,这并非读者用力研读的结果;事实上,作者在《乡绅与精英》一篇中,已经做了有意无意的夫子自道。作者直言不讳地指出,“现在中国官民关系的难题是,一方面,类似传统官民关系的结构,依然存在。社会的基本矛盾,依然是官民矛盾,官员还是整个社会运行的主宰者”。因此,“现在官民矛盾最大的问题是官民结构失衡,……而官民结构失衡,最大的问题是官权无节制扩张,对应官权的扩张,目前唯一的途径,是增强民方的遏制力。在最高领导层,从全局的战略考虑,是亟待解决的头等大事”。

我们看到,作者其实用的是极其显白的写法。这种写法将社会乱象的根源揭示得一清二楚;同时,作者亦表达了真正的爱国之志,即指出了问题的科学解决之道,而非意识形态的简单宣示。若与主流的“维稳”思维方式相比,真正的问题解决方法可谓简单至极。或者反过来讲,如果最高领导层真正想着创造并维持安定团结的大好局面,就应该仔细思量一下实现这个举国支持的良好愿望的科学方法,而我们的最高领导层显然是讲科学的。

再试举一例。在《阎王生病小鬼吃药》一篇中,作者论及了民怨沸腾的教育和医疗领域的问题。很多人认为问题出在市场化和产业化上,但作者并未简单同意这些肤浅之论。作者径直指出,如果现状可以算作产业化和市场化,那么这也“仅仅是一种官家垄断的产业化和市场化,谁都知道,这是一种最糟糕的状态,兼有市场和计划经济之恶,却没有两者的好处”。这是一个显白得无以复加的结论,读者不需要借助任何阅读技巧都可以明了于心。

二

这样看来,“话里有话”显然是“画蛇添足”之举;不过,正因为如此,这个蛇足反倒值得我们仔细思量一番。阅读作者的行文,我们似乎始终能感受到作者举重若轻的文字运用技术。事实上,由于这种感觉几乎贯穿整个阅读过程,心急的读者可能甚至会认为,作者在许多地方的戛然而止无法让他们感受到酣畅淋漓的分析与批判的气势,因而也阻碍了读者对作者主旨的理解——对作者笔下各种事件的理解。由此也会让多心的读者对其中的缘由浮想联翩。

不管情由如何,我们要从正面的角度理解这种文体。这是因为,作者在多篇的结尾使用了“嘲笑”的写作方式;这一写法的经典表现可见诸《鬼界的官僚体系》《推诿的境界》等篇章。比如在前一篇中,作者从古时善书《玉历宝钞》中读出了“鬼界的计划经济管理模式”“全能主义的味道”。作者接着指出:“如此庞大复杂的管理任务,还要保证不出错,没有营私舞弊的,说实在的,真难。不知地狱里的鬼官们是靠什么思想武装起来的……”读者阅读至此,难保不莞尔一笑。

这种写法是否奏效,其实正是取决于读者的这一笑。在这一笑中,人们动摇了对本是根深蒂固、甚至是固若金汤的现实的无意识接受,于是人们开始反思,开始有所作为。

上述过程可以称为“嘲笑”的政治社会学。当然，这种写法并非本书作者的发明；事实上，早在欧洲近代肇始之际，启蒙思想家们就是靠“嘲笑”颠覆了无远弗届、无所不在的正统宗教统治思想。从某种意义上说，这是一种简单的自我保护，多少可以抗击一些文字狱的灾难；从另外一种意义上说，这毋宁说是一种积极进取的手段：正统由于通常有黄袍乃至道袍加身，若依据健全的常识与理性逻辑，尽管论述技术上相对简洁，但从结果上说并不容易将其驳倒。

正因为如此，对待这种整体性的荒谬，就需要特别的手段；其中“嘲笑”就被证明是行之有效的技法。道理其实不难理解：就如同皇帝的新装一样，不是朝廷耿介之士的真言，而是观众中偶然发出的笑声，会让赤裸的皇帝感受到不自在，谎言也就显露了原形。要言之，正统观念如果不及时剔除其荒谬的色彩，很可能被“嘲笑”出局，或者说因其强制力而只能被嘲笑出局。这个过程完全是一个社会学的过程，尽管其结果具有出色的政治学含义。

虽说如此，“嘲笑”本身力量仍显单薄；于是，“理解”成为这种技法发挥功用的独一无二的催化剂。这里所说的“理解”，也就是基于理性与逻辑的客观分析——让人们在客观上认识到社会乱象自身固有的逻辑的荒谬之处。如果控制得随心如意，那么在荒谬的逻辑即将得到暴露之际引发读者一声或一阵“嘲笑”，文体就变得十全十美。所有的读者——可能包括匿名的检阅官在内——瞬间在发自内心的笑声中溶解了僵化陈旧的思维外壳，世界重新焕发出生机与活力。

真实的情形或许是，由于意识到认识真相与真理是如此愉悦，他们可能会手之舞之、足之蹈之的。如此，真是皆大欢喜。

二十二

抗争与和解：政治社会学的视角

一

对于关注中国社会现实的读者而言，《抗争性政治：中国政治社会学基本问题》[1]所展示的中国社会，尤其是以农村为核心的底层社会的异象可能会令他们感到惊讶——诸如，中央政府关于农民减轻负担的文件被部分基层干部视为“狗屁文件”，部分基层政权与黑恶势力发生相互转化等[2]。与这些描述相比，本书流露的“知我者谓我心忧”的情怀可能引发读者深入思考：某些学者高谈阔论的“中国模式”究竟意味着什么？本书的研究对于形成改革的共识具有何种意义？本书副标题中“政治社会学”的说法给我们提供了思考的线索。

什么是“政治社会学”？随意翻开一本教科书，我们会得知，这门

1　于建嵘：《抗争性政治：中国政治社会学基本问题》，北京：人民出版社，2010年。

2　于建嵘：《抗争性政治：中国政治社会学基本问题》，第204—216页。

学科在欧美国家非常发达:它是一门交叉学科,主要研究政党、官僚制度、政治运动、投票行为、群体行动、媒体与舆论形成等政治现象。同样我们得知,"政治社会学"是随着国民参政权的扩大而逐渐形成,因为现代政治已然不再是一小部分政治精英的活动,而是一种多元主体参与其中的社会领域;这个领域涉及全体社会成员诸如利益调整、规则制定等的核心事务。如果暂且从这一描述出发,那么中国读者可能会问:"中国政治社会学"又能处理怎样的主题?

二

首先,由于中国与西方政治制度的现实差异,作者并未采用政治社会学中常用的“冲突性政治”“对抗性政治”等概念，而是提出“抗争性政治”的新说法用以解释民众“上访”等现象。作者指出：“这种解释并不预设抗争主体行为的合法性，而只是一种相对于传统的精英政治的一种新的解读方式，即以底层社会的眼光看待底层民众的行为。”[1]在作者看来，在西方多党、分权的体制当中，“冲突性政治”或“对抗性政治”的参与者具有天然的合法性，亦即合宪法性；与此相对，在中国的社会现实当中，抗争主体的合法性几乎无法成立。相反，作者的研究表明，在“稳定压倒一切”的思维方式中，抗争主体的行为几乎都被认定为违法；某些地方政府可以肆意阻挠、甚至暴力威胁上访群众。因此，对抗争主体行为合法性的“不预设”符合经验事实。

不过，这种“不预设”是否符合抗争主体的主观认识？

我们首先换一个角度提问：这种“抗争性政治”行为是否具有“正当性”？这里“正当性”可以简单理解为当事者的行为合情合理，符合人们关于良善行为的一般观念。如果说民众的“抗争”是正当的，那么更重要的问题就立刻呈现了出来：在底层民众的抗争性政治行为当中，其正当性的获得是以抗争对象亦即地方政府的正当性丧失为代价的。结果，这种相互作用会导致中央政府的正当性遭到侵蚀。不过，形式上这种逻辑并未直接表现出来，因为抗争主体采取了“以法抗争”的路线：中央政府的政策、法令法规，甚至高层领导人的讲话，都成为底层民众抗争行为“合法性”的来源。——然而，这是一种主观的“合法性”，因为地方政府的权力部门恰恰认定他们是违法

1　于建嵘：《抗争性政治：中国政治社会学基本问题》，第3页。

的。

这样,我们看到了问题的结构性矛盾:中央政府与基层政权对抗争行为的合法性具有相反的判断。

这种结构性的扭曲造成了两个后果:第一,抗争主体亦即底层民众很难顺利达成预期的目标。第二,抗争主体的正当行为由于遭到地方政府每每有暴力掺杂其中的阻挠,中央政府要为此埋单。由于中央政府颁布的法律、法令法规成为一纸空文,抗争主体的“合法性”信念被迫转化为一种策略性的工具。当法律不再得到各方的认可与尊重时,“抗争性政治”也就不再具有积极的意义。

作者对湖南省H县农民“维权抗争”事例进行的研究,为我们展现了一幅生动的画面——当地农民如何与地方政府,尤其是乡镇级政府进行或公开或秘密、或和平或充斥暴力的互动。然而,这种政治过程导致了一场零和游戏。以“砍头不要紧,只要主义真;杀了夏明翰,还有后来人”绝命诗而家喻户晓的革命烈士夏明翰(1900—1928)的名字被数次提及,证实了这一点。夏明翰出生于湖南省H县,这是他被当地农民一再提及的表面原因;而真实原因则在一个访谈录中以极端的形式表现了出来。当H县“维权抗争精英”廖某被警察威胁“要按政策落实,拿你这些人搞死,要继续上,不停脚,要像河南省某乡一样”时,廖某大义凛然地回答道:“杀了我廖某某,还有后来人。”

本书作者似乎也被当事者的那种英雄情怀所感染,在行文中插入了一段略显突兀但至关重要的议论:“廖某某在讲述这些时,语调是平静的,而我却双眼已满含了泪水。我总感到有些迷茫和心痛,因为，当年夏明翰烈士说这些话的时候，面对的是‘国民党反动派’，而今天农民维权精英们高呼这首诗时恰恰面对的是夏明翰烈士为之献身的政权。”[1]“抗争性政治”的结果导致满盘皆输，这让作者、更不用说让当事者感到了“迷茫和心痛”。

这种状况的出路在哪里？让我们回到“政治社会学”的话题。

三

首先要注意的是，尽管作者已经意识到“政治社会学”是一门客观科学，以提供经验的、实证性的分析为主旨，然而我们在本书中仍可以多次见到规范性分析，亦即关于问题解决的“方法”“对策”“建议”等等的表述。事实上，中国学者的这种越界行为构成了另外一种“中国政治社会学基本问题”；从实证性分析转换到规范性分析，或者说为了提出规范性分析而进行实证性分析，这成为中国政治社会学的重要特征。那么，本书的规范性分析具有何种意义？作者的秉笔直书使得这种意义不难领会。

在题为“社会冲突与社会稳定”的一章中，作者将中国主流的“维稳”思维及实践定义为“刚性维稳”。所谓的刚性维稳，“主要是指一个社会的政治和社会结构缺乏必要的韧性和延展性，没有缓冲地带，执政者时刻处于高度的紧张状态，企图运用一切资源来维系其‘专政’地位，最终可能因不能承担十分巨大的社会成本而使政治统

1　于建嵘：《抗争性政治：中国政治社会学基本问题》，第127页。

治断裂和社会管治秩序失范”。这种做法导致“政府要直接面对这些‘非法事件’，没有任何缓冲和回旋的余地……因此，为了维护‘稳定’，除了暴力压制或者通过某种策略消灭这些事件外，不能谋求纳入制度内予以解决”[1]。这里，作者明确指出了中国社会的根本问题：在目前的权力结构当中，政府在逻辑上必然要为一切社会事件承担后果。然而，这却是任何现代政府都无法承受之重。

更深刻的问题在于，这种“刚性维稳”的隐性逻辑基础依然是“敌我矛盾”——本来是“人民内部矛盾”的利益协调问题，却被无限放大为事关国家政权稳定乃至存亡的问题。这种思维方式在实践中将不断制造出所谓的“敌人”，尽管这种结果完全不符合“抗争性政治”当事者的主观意图与逻辑。其结果是，在“刚性维稳”思维方式及实践当中，“抗争性政治”正在被转换为制造国民分裂的机制。那么，重新实现社会和解的途径在哪里？

针对“刚性维稳”的痼疾，作者提出了诸如“一定要保障公民的基本权利”“建立社会利益表达博弈机制”等说法。

四

今天，中国知识界已经认识到，改革必须进行下去，否则中国社会将有失去方向、堕入不测深渊之虞。这种关于改革的共识是如何形成的？这里略述中国学者迄今为止走出的两种路径。

1 于建嵘：《抗争性政治：中国政治社会学基本问题》，第38—39页。

第一种路径可以称之为“西学路径”。这种“西学路径”是指中国学者通过对西方现代政治理论与实践的介绍与分析，最终得出了改革的共识。不过，这个走向共识的路径不容易为部分学者接受；因为在他们看来，西方的——尽管可能是人类的——制度已经为当下的“优越制度”所取代，自然没有走回头路的道理。由于这种路径无法说服为政者进行体制维新，它一方面导致何谓国家与国民的根本利益等核心问题被束之高阁，另一方面导致国民在利益与意识层面逐步陷入分裂状态。

与上述路径相对，第二种可暂命名为“中学路径”的共识之路正在进入人们的视野；本书为我们提供了探寻这种路径的一个事例。如果说“西学路径”的方法是通过介绍西方国家关于善政的理念与历史经验而凝聚共识，那么“中学路径”则是基于对自己内部问题的实证分析而导引人们走向共识，可以说是一种“内在路径”。这种方法的优势在于，它将自己内部的病症以经验描述与实证研究的方式展现在所有读者面前，具有其他方式不可比拟的说服力。这种方法低调、冷静地告诉整个社会：现状已然如此，诸公还能否无动于衷？无动于衷亦可，但诸位——准确地说是这个国家与民族——要付出代价。

在这个意义上，如果说“政治社会学”是探寻这种路径的一种具体方法，那么这种共识之路亦将是实现全体国民真正走向和解的道路。这是真正的科学道路。

二十三

帝国、民族国家与现代化

一、引言:帝国认识论的形成

俄裔法国思想家科耶夫在《法国国是纲要》中说,拉丁民族要找到一个“前无古人的帝国概念”。那么首先的问题就是,这位第一流的思想家缘何对“帝国”这一似乎是明日黄花的概念情有独钟?《科耶夫的新拉丁帝国》[1]的编译者注意到科氏“帝国”概念与其“普遍均质国家”理论表面上的矛盾:那种矛盾毋宁说是“政治”与“哲学”的矛盾,在“政治”的层面上,这位科耶夫还可以成为“拉丁帝国”的敌人的智囊。

事实上,触发本文下述问题意识的就是科氏“学术”的这种性格:如果科耶夫流亡到改革开放后的中国,那么作为必然的“国士”,他会

1 [法]科耶夫等:《科耶夫的新拉丁帝国》,邱立波译,北京:华夏出版社,2008年。

如何表述自己的“帝国”谋略？因为，不同于法国，改革开放后的现代中国首先是作为一个以“韬光养晦、善于守拙”为国是的“民族国家”而展示自己的存在的；更重要的是，不同于一般的民族国家，这个国家在所谓的“国际社会”中作为“君子国”而面目跃如，力行“戒惧慎独”的功夫。换言之，中国的国家行为与世界认识的基准乃是中国固有的某种逻辑的现实展开。这样，本文的上述问题就可以进一步具体化为：应该如何理解帝国与民族国家的关系？科氏的帝国概念与今日之中国有何干系？

实际上，如果考虑到“帝国”概念在20世纪末的复兴状况，我们就有理由说科耶夫是这一复兴运动的始作俑者。那么我们首先要考虑的问题就是，通过“帝国”这一概念工具，当代国际社会迄今为止得到了怎样的认识与理解。从这样一个基本的问题出发,本文将首先分析科耶夫的"拉丁帝国"论及其"帝国"概念的构造,在此基础上,进一步把握当代世界社会的特殊性格,揭示出中国的现代化在当下的世界社会中所面临的形势、方向与任务。

最近十年来,人们在论述当代世界社会秩序时,"帝国"这个概念正得到越来越广泛的注目与使用。从全球的角度来看,这一变化的背景是明显的:冷战体制的解体直接导致了二战后支配世界的二元体制的瓦解,并逐渐形成了以美国为中心的一元化世界。无须赘言,对冷战后世界社会变化的更中性的说法——同时亦是更具有意识形态上的隐蔽性的说法——亦即"全球化",可以说是这一过程华丽的表象。正是对这种一元化世界的重新思考,"帝国"这一概念被重新导入到现代社会科学领域当中。在这一方面,哈特与奈格里的著作《帝国:全球化的政治秩序》[1]具有代表性意义。如何认识以美国为中心的帝国体制的形成就是引发"帝国"概念复兴的新问题。在我们考察这个问题时,科耶夫早在半个世纪前在《纲要》中的论述给我们提供了方便的视点。这一点我将在下文展开相关论述。

另一方面,值得注意的是,"帝国"这一概念最近数年也正在中国得到某种程度的重新评价。限于篇幅,这里无法详细讨论当下中国学者对"帝国"概念的把握,但我认为有必要指出这一概念的历史语境。在曾经支配现代中国的话语体制当中,"帝国"的含义通常是在"帝国主义"这个著名的说法中得到定位的:在列宁以及以列宁主义

---

1 [美]哈特,[意]奈格里:《帝国:全球化的政治秩序》,杨建国、范一亭译,南京:江苏人民出版社,2008年。

为宗的革命后中国社会的历史认识当中，帝国主义乃是资本主义发展的最高阶段，因而也必然是“垂死的”阶段。同“封建主义”与“官僚资本主义”一道，“帝国主义及其走狗”被视为扼杀中华民族的三座大山之一。在新中国成立后的三十年当中，没有什么话语比指责对方是帝国主义国家更能引发政治与社会效果了：这个词会引发“中国人民”对过去所经历的全部苦难的重新回忆，因而更会激发人们对帝国主义的愤怒、对革命中国的激情。可以说，在这一时期当中，帝国(主义)构成了中国人的历史认识、世界社会认识的核心要素。在以“帝国”为中心而建构的世界社会的认识体制当中，中国与帝国主义国家的关系是一种“敌我”关系；作为一个新生的国家，中国被迫选择了枕戈待旦。

然而，发轫于1970年代末的社会变革在形式上改变了上述世界认识，因为中国在两个帝国集团支配的世界社会中进行了方向性的调整。事实上，在新中国成立后的前三十年中，中国大部分时间都选择了游离于美苏两大帝国集团之外，而以“第三世界”的领袖身份周旋于其中，形成了事实上的“天下三分”的局面。今天看来，由于中国在某种意义上重新加入到了帝国秩序当中，可以说这个举措反过来加速了冷战体制的解体。换言之，由于中国所代表的政治力量在1980年代向美国发生了倾斜，它所带来的冲击是无法简单估量的。

问题在于，中国与以美国为核心的帝国集团的脆弱“联盟”关系——其中的脆弱性乃是结构性的——随冷战结束而终结，但其间形成的“和平与发展”的世界认识则得到了持续性的确立，而这种认识又在所谓“全球化”的欢呼声中得到了不断的强化。因此，问题的症结就具体呈现为:一方面“帝国(主义)”以及作为其实践的“殖民主义”似乎从中国的世界认识结构当中脱落殆尽;而另一方面,在以美国为主导的世界秩序当中,实质性的“帝国(主义)”以及“殖民主义”却以新的形式出现(后述)。那么,中国应该如何认识并应对这样一种现实?针对这个问题,科耶夫的“拉丁帝国”论同样给了我们相应的启示。

如果提前说明本文的结论,那就是,在认识当下的世界社会时,“帝国”是一个有效的概念工具,因而对于中国社会科学界来说,克服“帝国”所具有的历史上的规范意义乃是认识当下世界社会秩序的首要步骤。

基于上述两个方面的概述,下面我将首先重新整理并分析科耶夫的“拉丁帝国”论,然后以之为基础分析现代中国的现代化所面临的核心问题。

二、科耶夫的“拉丁帝国”理念与框架

在《纲要》这个篇幅不大的文献当中,科耶夫以惊人的洞察力预见了“帝国”这种统治秩序的回归,并对以法国为中心的西欧拉丁国家(法国、意大利、西班牙)的“拉丁帝国”的具体建构提出了切己的构想。当然,如同人们已经注意到的一样,如果将科耶夫所构想的“拉丁帝国”理解为今日的欧盟,就可以为这篇被誉为具有“时代性价值”的文献提供最有力的佐证。然而这种理解显然只是表面的。在我看来,这部《纲要》所表明的冷彻的世界认识——以及作为这种

认识反面的、令人惊讶的“帝国”激情——并不仅仅体现在欧盟这种形成中的“帝国”当中，更在于它对（西方）世界史的理解上：在民族国家—帝国这种二分法的图式当中，科耶夫似乎完全以后者为中心论述了法国所面临的迫切任务。科耶夫说：“……还要明白而彻底地宣布‘民族国家’作为一个历史时期已经终结，而法国作为一个民族国家在政治上的地位也已经一去不复返。”[1]然而另一方面，科耶夫同时宣称，“如果法国放弃独立的政治存在，放弃自己作为一个国家的存在”，那么就会丢尽拉丁-天主教文明、丢尽法国自身的颜面。这就是说，法国一方面要放弃“民族国家”的政治地位，另一方面又不能放弃作为“国家”的地位。但问题是，人们难道不是从一般的民族国家的意义上理解现代国家、进而理解法国的吗？这样理解的法国如何同时做到既放弃又保持它自己的政治地位？科耶夫莫非陷入了简单的自相矛盾？

事实上，在回答上述“问题”之前，我们必须先思考一个更一般的问题，即如何理解发源于近代西欧的民族国家（nation-state）的现实形式。一般说来，作为两次世界大战的结果，民族国家这种国家形式得到了普遍承认与强化，成为许多非西欧国家曾经梦寐以求的形式——它在“民族”与“国家”获得了高度重合的国家中呈现出经典的形式。今天，如同科索沃与格鲁吉亚正在发生的那样，无论一个“民族”得到多么细小的划分，“民族自决”亦即近代民族国家的理论前提依然得到了高调的运用。当然，将这种做法归因于西方国家国际政策的“双重标准”，或者在道德上指责那些国家“伪善”，我们可

1　[法]科耶夫等：《科耶夫的新拉丁帝国》，第15页。

以得到某种程度上心安理得的解释。然而,这种道德解释的代价是牺牲了对西方国家的行为逻辑的认识,因而遮蔽了问题的实质。我们先看科耶夫简洁而直率的分析。科耶夫说:

> 在十九世纪仍然非常强大的民族国家,……也正渐渐地不再是政治性的实体(political realities),不再是严格意义上的国家。……为了能在政治上生存下去,现代国家的基础必须是一种“广阔的、由加盟的(affiliated)民族国家所构成的、‘帝国性的’联盟”。[1]

这里所说的“帝国性的”联盟,也就是科耶夫稍后提到的“拉丁帝国”的一般形式。那么这里的逻辑也就昭然若揭了:建构“帝国性的”联盟或者成为帝国本身,无非是要成就其作为实质性的民族国家的意志;这种意志乃是一种对于力量的意志(will to power),亦即一种对于更大力量的霍布斯式的意志。正是认识到这种对于力量的意志,科耶夫对斯大林的斯拉夫-苏维埃帝国和德意志帝国都赞许有加。帝国是手段,而不是目的;准确地说,有效利用帝国这种手段,才是“拉丁帝国”的目的,更是法国的目的。关于这一点,科耶夫直言不讳地写道:

> 只有通过将自身置于这样一个帝国领导者的位置上,法国才能够保持其政治上的,从而还有文化上的特殊性。

---

1 [法]科耶夫等:《科耶夫的新拉丁帝国》,第4—5页。

> 对于将来会存在的拉丁帝国来说，不消说法国将会占据其中的首要地位。政治、经济和文化方面的原因，都会将她引至那样的位置，也迫使她不得不占据那样的位置。[1]

因此，在科耶夫看来，对法国来说，重要的不是要参与到某个仅可以维持自己政治生存的帝国当中，最重要的乃是，通过建构并成为"拉丁帝国"的领袖，实现法国作为一个民族国家的实质性目标——"保持其政治上的，从而还有文化上的特殊性"。在这里我们注意到，正是一种强烈的"民族主义式的"动机，呼唤着一种超越具体民族的帝国的出现。毫无疑问，在帝国体系当中能够实现自己民族真正利益的，又仅限于"帝国的领导者"。

然而我们同时必须注意的是，上述"民族"认识早已超过了民族国家的框架。虽然科耶夫出于对作为民族国家的法国得以生存的认识，出于对单个民族国家自身力量的认识，强调法国建立"拉丁帝国"的重要性，但是他很清楚，如果民族性的要素得到了过度的强调，那么"在政治上势必要变成德意志-英美帝国的英美帝国所吞并"，因为后者并不遵从于简单的民族国家逻辑。正因为如此，可以说科耶夫对希特勒的德意志帝国深感惋惜：德意志国家的那种过于突出的民族性格摧毁了它试图实现的事业。德意志帝国的失败首先是世界认识的失败。

这样，我们就发现，在现代以民族国家为基础的世界体系当中，维护民族国家的实质需要以放弃作为民族国家的资格为条件的这一

1　[法]科耶夫等：《科耶夫的新拉丁帝国》，第14—24页。

两难的境地实质上仅仅是一个表象。在作为“拉丁帝国”领袖的法国那里,或者在任何帝国的中心国家那里,毋宁说二者形成了统一的闭锁结构:力量最强大的国家如果以帝国意志为中心行事,那么这种意志就是它自己的民族意志;与此相反,围绕力量最强大的国家而存在的卫星民族国家——或曰“边陲的”民族国家,它们必须以自己的“自主性”亦即主权为代价,换取形式上的民族国家的自主性。换言之,在发源于近代欧洲的民族国家体系当中,民族国家的主权从其诞生的最初时刻就不完整。民族国家的实质与形式对力量不同的国家具有不同的意义:只有对于“大国”而言,二者才高度重合。

进一步而言,从本文讨论的“帝国”的视角来看,我们可以得出结论说,民族国家只是一种过渡形式,是从帝国到帝国转换的间歇,是帝国自身获得“进化”的一种必要形式。对欧洲而言,这一过程亦即是从中世纪帝国到现代帝国(欧盟、英美帝国)的转换。在这个意义上,在近现代国际社会的现状当中,“大国”的“帝国意志”甚至可以说是结构生成的。

虽然如此,西欧式的民族国家体系以及基于该体系的“国际关系”还是造就了非预期的效果:一方面是以民族为普遍理念的抵抗,这种抵抗的矛头可以指向任何一个实定性的帝国;另一方面是新的帝国的形成。在科耶夫的眼中,法国无非就是这样一个现实的民族国家与潜在的“拉丁帝国”的领袖。当然,在历史当中这种行为更是一个颠扑不破的真理:臭名昭著的“大东亚共荣圈”就其实质而言,难道不就是帝国逻辑自身的一种特定的历史形式吗?这种特定历史形式最终烟消云散,原因之一就在于它的现实载体并不具有承当“帝国”的资格。

三、科耶夫的“拉丁帝国”与殖民主义

需要注意的是，承认“帝国”在当下世界社会中存在，并不意味着承认历史上的“帝国主义”——以武力为基础的攫取体制——在当下存在的正当性；这种对“帝国”的承认首先是指帝国存在于更隐性的经济领域与文化领域。在非帝国的国家中——因而也包括中国，它就表现为“殖民主义”。事实上，如果说上面讨论的《纲要》主要给我们提供了政治上的帝国意义，那么在《从欧洲视角看殖民主义》这篇演讲稿中，科耶夫则间接向我们提供了帝国在经济上的含义，虽然这并非其本意，因为科耶夫绝不是所谓的“殖民主义者”。将这两种文献结合起来，我们就会得到“帝国”的一幅几近完整的画面。对于1950年代的欧洲以及世界社会，科耶夫这样表述道：

> 真正严肃的问题是，在我们这个时代和我们这个世界上，真正的问题不是政治性的殖民主义，而是经济性的殖民主义。……同样也很严肃的问题是，人们不但有可能在没有殖民地的情况下实施殖民主义，而且所有的工业化国家——多少（more or less）是无意地——事实上都是殖民主义者，因为这些国家独得了技术进步所带来的好处（因为它们一年比一年富裕），而那些落后的国家却仍然跟从前一样贫困，并因此从相对的角度来说

也一年比一年变得贫困。[1]

科耶夫如是认识世界并非是出于道义上的慈悲胸怀;相反,以简单的理想化的"均贫富"为指导的社会主义恰恰是他所反对的。由于坚信福特主义是"真正的马克思主义",上述现状认识的真正目的是为其"给予型资本主义"——可以理解为今天人们所说的"福利资本主义"——设想提供辩护。当然,科耶夫的分析或许不如后来其他马克思主义学者的"依附理论"精致,但也正因为如此,所有的工业化国家事实上都是殖民性的这样一种论断在我们今天读来愈发显得醒目。——这种论断难道不是很长时间以来在我们耳边已经销声匿迹了吗?

如果说政治性的殖民主义在"民族国家"这种世界社会中的"普遍"正义原理的攻击之下不得不退出历史舞台,那么我们发现经济性的殖民主义——以及科耶夫没有提及的、但绝非不重要的"文化殖民主义"——却以更精致、更隐蔽的形式存续了下来。在工业化的国家当中,已经不存在严格意义上的"无产阶级",但是,科耶夫说:

> 如果人们把现实的世界作为一个整体来看待,那么,人们马上就会看到一个人数众多的、真正符合马克思主义定义的无产阶级。……因此人们就可以说,也存在一种马克思主义意义上的"剩余价值",而这种剩余价值就其总体来看也只流向那些独占了工业生产手段的国家。

1 [法]科耶夫等:《科耶夫的新拉丁帝国》,第199—200页。

这就是说，工业化国家内部的“阶级矛盾”——暂且使用这个国人耳熟能详的词语——通过经济殖民主义（以及早先诉诸暴力的攫取），已经成功地转换到了外部，转换到了其他国家的无产阶级身上，转换到了其他无产阶级式的民族国家的身上。因此，对于殖民主义应该怎样用一种可以称之为“福特主义”的方式从经济上进行重构的问题，科耶夫自己所提出的解决对策充满了幻想也就不足为奇了。毋宁说，在特定的帝国体系之内，比如说在他所构想的“拉丁帝国”内部，这种“给予型的资本主义”是可能而必要的。[1] 换言之，为维护“帝国”成员之间“平等的”政治以及经济地位，在帝国内部实行“福特主义”乃是一种必然，就如同工业化国家必然要实行“福特主义”一样。

然而就帝国的外部而言（注意帝国“外部”的存在乃是帝国存在的本质要件），依据科耶夫式的马克思主义看法，“无产阶级”式的民族国家必然得到不断的生产与再生产，这一过程由资本的逻辑与“帝国”的逻辑所决定。这一点从今日所谓的经济全球化进程中可见一斑：经济的全球化是否可以理解为将世界资源整合到美日欧三种“帝国”内部的具体过程？当然这一过程正在受到中国与印度等的发展、受到正在复兴的帝国俄罗斯的挑战。对于科耶夫在“拉丁帝国”内部所构想的“帝国型经济”，科耶夫本人语焉未详；不过就其中的只言片语来看，“拉丁帝国”的内部与外部依然泾渭分明。

然而，我们并不能仅仅止步于对“帝国”内外有别的认识。如前

1　[法]科耶夫等：《科耶夫的新拉丁帝国》，第155页。

所述,民族国家仅仅是一种过渡形式,我们有必要在帝国的框架内重新寻找并建构国家与世界秩序的新的可能性。

四、科耶夫的“帝国论”与当代中国

依据上文的简略论述,科耶夫的“拉丁帝国”论重新向我们确认了两点认识:

第一,在今日世界社会所呈现的民族国家这一表象的背后,存在着一种连续性的“帝国”思维方式以及以“帝国”为中心的世界秩序。2001 年“9·11”事件后的美国国家行为,只不过是这种隐性帝国秩序的一次表面化而已。从帝国的认识框架看来,“民族国家”所秉持的普遍主义原理,亦即民族自决无非是一种可资利用的工具:首先用于制造在力量上较小的民族国家,然后将这些国家吸收为帝国体系的成员。——这是一个帝国溶解其他国家的过程,是帝国逻辑的本质所在。在这种意义上,民族国家的成立乃是帝国秩序再编的中间过程,是历史的一个片断。由于单个的民族国家在力量上总是远逊于帝国,民族国家的实质性主权从最初就是不完全的,因此可以说,某种依附性的结构内在于民族国家自身当中。

第二,在所谓的“全球化”这一表象的背后,以发达工业国家——因而是帝国的中心国家——为首的“殖民主义”政策仍然得到了广泛的实践。殖民性的工业化国家并未因冷战的终结——以及随之而来的所谓“历史的终结”——而有所改变,亦未随经济的全球化而发生实质性的变化。毋宁说,“全球化”在某种程度上乃是“殖民主义”的一种重新编成。换言之,变化确实在发生:在殖民政策的形式上,在殖民政策的具体内容以及实施程度上。然而,难道不正是这些形式掩饰了实质性的内容吗?对于多数新的民族国家而言,获取政治上独立自主的"民族国家"这一形式的代价,难道不是在其他方面的依附性、半依附性状态吗?这种实质性的依附关系,除了表现在传统的经济和文化领域,在一部分被称之为"新兴国家"当中更表现在问题日渐深重的环境领域——当下中国是否为后者的代表?

然而,更有意义的问题在于,如果将人们赋予"殖民主义"的各种负面道德暂且悬置起来,从人类文明演化、从人类普遍交往的角度来看,我们有必要从中性的角度重新看待帝国的这种发展行为与逻辑。

以上两点是我们按照科耶夫的说法——亦即以"帝国的观点来看待事物"——得出的部分认识。现在让我们更进一步思考:以此种帝国之眼观现代中国在世界社会中的地位,我们会得到怎样的认识?下面我将从三个方面略加铺陈与讨论。另外,依据拙文以上的略述,我在下文中将有意使用科耶夫的一些词汇进行表述。

第一,在狭义的意义上,中国不是一个"帝国"。比如,中国历史上并不存在以"殖民""掠夺""攫取"为核心特征的"帝国",也不存在着类似的"帝国主义"思想。中国良好的政治意识与自我认识从未以"帝国"的方式认识自己与认识世界。中国非但不是帝国,甚至在大部分的历史当中都不具有国家状态,因为在历史上——甚至在今天——中国的政治意识当中并不具有泾渭分明的自我—他者这样一种政治性的认识结构。在中国曾经清楚明晰、今日则略显朦胧的自我意识当中,中国与其他文明交往的原则就是"王道"的原则。在绝大多数的历史时期，“修文来远”“礼不往教”构成了中国式的“绝对精神与自我意识”。这种自我意识需要从存在的角度加以理解。

第二，正因为中国不是西方意义上的“帝国”，但在许多方面又是一个“中心”国家，因此在今日的世界社会中才面临着独特的处境。借助科耶夫对当时法国的现状分析，我们可以把这个处境描摹出来。

科耶夫警告法国说：“在这个帝国里面，法国将永远是一个某种程度上的外来体，因而永远只能扮演一种边缘的从而是被人冷遇的角色：也就是说，扮演一种卫星的角色，一种在政治上既不会一直‘耀眼’也不会当然‘耀眼’的‘二流’角色。”[1]科耶夫所说的“这个帝国”是指“英美帝国”，而造成这种结局的原因就是“种族”、文化、语言、宗教、传统和“生活方式”方面的差异，亦即对“非我族类”的某种独特观念以及对这种观念的信仰。在我看来，如果把上述引文中的“这个帝国”置换为“今日的国际社会”（注意这是美日欧所言的“国际社会”），并将法国替换为“中国”，那么我们就得到了对今日中国的境遇的描绘：在这个国际社会当中，中国被认为是一个“外来体”，遭受着“冷遇”，这就是所谓“中国威胁论”的实质。同样，如果没有作为，未来等待中国的至多是一种“二流”的角色，“作为目的本身”的中国也将终止其存在。其中要紧的是，华夏边疆必然要面对“群凶觊觎”——这不正是当下中国面对的情境吗？

第三，科耶夫的“拉丁帝国”论给中国提供了构想当下以及未来国家品格的空间。

让我们想象：一个必然是二流的现代中国，一个没有自我意识的

1 ［法］科耶夫等：《科耶夫的新拉丁帝国》，第14页。

现代中国,一个丧失了自己脸面的现代中国,这难道是中国现代化的必然归宿吗?这难道不是中国当下正在走的路吗?——因为,作为一个国家,从某个角度来说,现代中国的精神真空状态——这里定义为对自己的文化使命与政治使命的非自觉——不是已经持续了半个世纪以上了吗?那么问题就是:我们会满足于当下的状态、满足于即将到来的“二流”状态吗?答案不言而喻是否定的。然而,摆脱成为“二流”的命运需要条件。在寻求这个条件时,科耶夫“拉丁帝国”意义上的“帝国”会给我们怎样的启示?

这个条件首先就是政治领域。这个领域在今天依然保持着某种现代中国建国前的某些决定性的特征:高度的自主性与集权性。这种性格正在面临来自海内外的批判、面临着改革的压力,在重建内部社会秩序的过程中,必须进行相应的改革。但不能忘记的是,在避免这个国家走上“二流”国家命运的这一点上,这种性格毋宁说是一种优势。这样一种政治一旦明确了自己的目标与方向——真正的目标与真正的方向,就可以发挥其独特的力量。就此而言,当下中国所需要的,固然是真正的政治改革;然而,这个改革如果不与中国的真正目标联系起来,那么就只能导致“二流”命运的加速到来。

五、结语:“帝国”的彼岸

自从1990年代以来,“全球化”在中国俨然成了人们世界认识的核心词语,而融入“全球化”进程似乎是中国实现自我目标——如果有的话——的唯一途径。融入“全球化”成了融入“国际社会”的必由之路。中国正在努力成为一个普通国家,试图成为"全球化"进程中的一名名副其实的"优等生"。

然而,问题并不如此简单。冷战刚一结束,美国政治学者亨廷顿就抛出了"文明冲突"论,对此,习惯了"友好"思维与行动方式的吾国先是上下"惊诧",继而出现一片讨伐之声,至今仍余音不绝。然而,国人的行为不正是一种"君子"逻辑的自我实现吗?认识到这一点并不会让我们悲观,相反,这却让当下中国的现代化方向与任务变得明朗:出于自尊,更是出于对对手的尊重,中国必须使自己成为一个实至名归的"中华文明"的现实载体。这个"中华文明",当然要立足于世界普遍文明发展之大势上,能为世界普遍文明的发展贡献独特力量的生活样式。——这应该是"文明冲突"论对现代中国的"微言",也是科耶夫"拉丁帝国"论的理论寓意。

中国曾经是一个发明过"天命""天道""天理"等人类文明史上罕有的普遍观念的文明体,这些作为存在性的观念至今仍深深浸透于这个社会的核心部分。那么,我们最后的问题就是,依据这些观念确立这个国家的目标,确立实现该目标的国家战略,这是否就是关系这个国家生存本身的问题?当然,当下中国的知识分子在多大程度上对世界社会中的"中国"有政治上的自觉,如何正当地安置这个国家在世界中的位置,这似乎是更紧迫的问题。在这个意义上,新近复兴的"帝国"概念,给我们提供了不可或缺的认识工具。

(原载于《大观》第 1 卷,2010 年 6 月)

二十四

告别国家：市民社会理论的重建

一、中国市民社会理论的国家观

如同各种关于中国市民社会理论史所追溯的一样，“市民社会”概念最初出现于大变革时期的1980年代末，当时中国的部分马克思主义学者针对这一概念展开了“辨析”——学者们试图揭示“市民”与“市民社会”在经典马克思主义中的含义。当然，这种辨析与其说是意味着一种新理论的到来，毋宁说是传统意识形态体制下的学术生产的一种偶然结果，因为论者并未显示出明确的、具有现实针对性的问题意识。

作为新型社会理论的核心概念，市民社会被正式引入中国的现实语境，则发生在1990年代初。从此时开始，中国市民社会理论已经有了20年的历史。这种时间与空间距离让我们获得了进行初步反思的客观条件。那么，重新审视1990年代初的中国市民社会理

论，我们会获得怎样的新认识？从理论的角度看，由于 1990 年代初的市民社会理论确立了迄今为止中国学者阐述市民社会相关问题的框架，这种重新审视、重新反思的意义不言自明。另外，今日中国的社会现实日益复杂，这使得我们的反思更具有经验上的紧迫性。无须赘言，本文的目的不是显示今日的后见之明，而是为中国市民社会理论的重建提供一种历史性的智慧。

1990 年代中国市民社会理论的起源，为我们提供了进行这种反思所必需的总体性背景。事实上，如同中国多数的社会与政治理论一样，市民社会理论的移植属性成为我们观察其特质的有效视角：作为内生于特定欧洲社会现实的理论，在 1990 年代初移植到中国时，该理论经历了怎样的变形。如上文所述，1990 年代初中国学者阐述的市民社会理论强烈地规定了此后学者对该理论的接受与展开，这种分析将有益于我们发现中国市民社会理论乃至中国社会科学面临的深刻问题，因而亦是我们对现代中国市民社会理论、进而对中国社会现实进行批判性分析时必不可少的过程。

关于中国市民社会的起源，依据学者们的各种论述与总结，我们这里可以简要概括为以下三种。我们将看到，“国家”虽然在不同语境下都被视为问题，但学者们对其进行的具体诊断与开的处方，则迥然有别；换言之，不同语境下的市民社会理论，具有不同的“国家观”。

其一，东欧起源说。1980 年代的东欧，尤其是波兰市民与市民团体——包括知识分子、工会、宗教团体等——在国家转型中令人惊异的表现，使得现代政治学者重新注意到市民社会在对抗极权政治、在促进国家民主化中至关重要的作用。由于市民社会对东欧社会而言并非外来之物，在东欧的市民社会论者看来，他们的首要任务是恢复人们对其市民社会传统的记忆。

其二，西欧起源说。与市民社会在 1980 年代的东欧的复兴紧密相连，欧美学者开始重新审视在其近代政治思想中源远流长的市民社会理论。不过，欧美学者的这种兴趣更主要源于他们对福利国家、对管制国家的反思。与世界其他地区同步复兴的市民社会理论不同，欧美学者对该理论的重新阐述——比如美国学者科恩与阿拉托从“国家—社会—经济”三元结构的视点对市民社会进行的重新阐述，可视为该理论与思想在其固有传统中的持续发展。

其三，中国起源说。为了在新形势下继续推进中国的现代化，“市民社会理论”首先作为最新的现代化理论得到了中国学者的阐述。这种源于内部的视角,与欧美学者对中国晚清以降中国社会史的研究,与前述市民社会理论在欧洲与世界范围内的复兴亦密不可分。然而,显而易见的是,如果没有市民社会理论在欧美国家的复兴,我们无法想象该理论会得到中国学者的关注。在这个意义上,“中国起源说”更是指经验上某种形式的“社会”的出现,而非理论自身。

以上对中国市民社会理论起源的总结自身并不具有新意。然而,我们的目标不是这种概括本身,而是从这种概括中,我们首先看到了中国市民社会理论的特殊属性,进而让我们意识到问题的所在。从“国家—社会”这种市民社会理论固有的视角来看,这种特殊属性可以表述如下:如果说东欧市民社会理论明确的抗争对象是“极权国家”,西欧市民社会理论明确的主要对象是“福利国家”,那么在1990年代的中国,市民社会理论的对象则只能表述为“后发国家”——在中国知识分子看来,这个“后发现代化”国家的最大共识与至高目标就是实现现代化,从而摆脱落后状态。

显然,如果说与“极权国家”抗衡的东欧市民社会理论主要关心的是政治问题,与“福利国家”抗衡的市民社会理论主要关心经济问题,那么,中国学者在面临“后发国家”而建构市民社会理论时,他们关心的问题只能是整体性的现代化问题。政治的、经济的与社会的各种变革与安排,都要服从于“现代化”这个至上命令,尽管这个命令的内涵暧昧不清。

问题首先在于,当市民社会被视为实现这种至高目标的工具时,市民社会固有的价值就遭到了矮化与遮蔽。不仅如此,由于国家在现代化过程中依然如故的主导地位,任何经验上可视的“市民社会”都会被规训,甚至成为实现特定目的的工具。至此,如果与具有代表性的市民社会理论进行比较,我们就会发现,这种以现代化为主旨的中国市民社会论的意义极其暧昧。因此,解析这种状况的根源,成为本文的首要工作。

如果提前指出本文的结论,那就是,在现代中国社会,市民社会理论只有恢复其普遍主义的批判性视角,而非迄今为止中国学者进行的指向国家的目标建构性、经验解释性的理论建构工作,才能得到有意义的阐述。如同下文所述,这种批判的普遍主义基础,首先来源于我们对 1990 年代中国市民社会理论的批判性解读。

二、市民与社会:中国市民社会理论批判的两个视角

众所周知,邓正来与景跃进合作发表于 1992 年 11 月《中国社会科学季刊》的长篇论文,即《建构中国的市民社会》,在中国市民社会理论史上具有里程碑式的地位。在这篇开创性的论文中,两位作者首次明确地将建构中国市民社会作为推进中国现代化的动力机制与目标自身,并在“国家—社会”这一全新框架内,提出了一系列针对中国现代化的全新见解。中国的现代化理论首次获得了社会科学的支持。另外,该文提出的建构中国国家与市民社会的“良性互动”的理论模型,成为时至今日中国学者阐述中国市民社会的主要框架。

从学说史的角度看,该文发表后,中国学术界迅速产生了大量关于(中国)市民社会理论的论述。这些理论都有明确的现实关怀——

如何推进中国的现代化。值得注意的是,邓正来早在1994年发表的一篇论文中,针对这种状况率先进行了反思。作者指出,“此处的关键问题不只是我们须认识到‘现代化框架’对我们的研究的影响,而且在于须对‘现代化框架’本身进行分析和批判;……不无遗憾的是,中国学人大都匆忙地进入中国的发展研究,未能冷静地将这种对研究具有支配力的‘现代化框架’置于研究对象的地位而进行分析和批判”[1]。显然,这种论述将其1992年论文也置于批判的位置——正是1992年论文将市民社会理论确定为中国的现代化理论。

令人遗憾的是,这篇论文中提出的问题意识,并未得到包括作者本人在内的中国学者在正反两个方面的继续讨论与批判。比如,“现代化框架”究竟意味着什么?它对市民社会理论产生了怎样的影响?相反,作为现代化理论的市民社会理论却一再得到生产与再生产。由于不具有批判性的、自我反思的视角,这种再生产仅仅是一种缺乏真正生产意义的、话语的机械反复。

这是因为,首先,多数论者笔下的“现代化框架”未得到明确的界定与深入细致的讨论。比如说,这种市民社会视角下的“现代化”,如何与作为国家话语的现代化分离开来?下文我们将分析,这种“分离”绝非可有可无,而是关系中国市民社会理论的价值自身。其次,“市民社会”自身未得到中国学者基于普遍主义视角的有效讨论。落后国家、不文明国家的这种令人尴尬的现实,学者为改变这种现实、为国家现代化寻求方法道路的既恳切又迫切的心态,这两种现实导

1 邓正来等主编:《国家与市民社会:一种社会理论的研究路径》,上海:上海人民出版社,2006年,第463页。

致了这种国家指向型的理论的粗疏,而其流弊则不可估量。

为了揭示中国市民社会理论研究的内在难题,进而推进该理论的深入研究,这里我们将从“市民社会”固有然而却常常被忽视乃至被无视的两个视角进行分析。这两个失落的视角本文暂定为“社会视角”与“市民视角”。

1.社会的视角:“现代化框架”的问题

在中国市民社会理论的首倡者那里,中国现代化问题的根本要害被界定为“国家与社会二者之间没有形成适宜于现代化发展的良性结构,确切地说,在于一直没有形成独立的、自治的结构性领域”。[1] 在前述1992年的论文中,这种论断直接将中国的现代化理论转换到一种新的认知框架,从而摆脱了国家主导的现代化的专制主义模式,包括所谓的“开明专制”模式。这是一种具有“范式转换”意义的工作。然而如上面提及的一样,首倡者之一的邓正来首先意识到了这种模式的问题:“西方发展经验是在自由经济的基础上建构市民社会,进而在市民社会的基础上实现了政治民主化。这一认识向中国现代化发展的投射,强烈地暗含了对西方实现政治现代化的道路具有普遍有效性的预设。”[2] 这种包含着自我批判的表述意味着什么?政治现代化的道路在什么意义上可以分为“西方”与“中国”?对于这一表述中暗含的问题,中国市民社会论者缺少足够的敏锐与批判性的反思。

事实上,如果拓宽我们的视野,我们发现中国学者对“现代化”支

1　邓正来、景跃进:《建构中国的市民社会》,《中国社会科学季刊》,1992年11月,第59页。

2　邓正来等主编:《国家与市民社会:一种社会理论的研究路径》,第465—466页。

配的思考样式有两种态度：其一可以称为无思考，其二可以称为过度思考。前者意味着“现代化”被视为不证自明的目标，从而未得到有效界定——这里“未得到有效界定”是指包括“经济现代化”“政治民主化”等在内的现代化目标被视为可欲的目标。但这些目标为何可欲，又如何得到经验的测量，并未得到细致深入的阐述。与此相对，后者意味着对西方现代化道路的相对化。各种所谓“后现代”理论在1990年代后半的广泛流行，正是这种过度思考的临床症状。——当然，如果注意到这种“过度思考”可能是对西方理论的一种横向移植，那么，这种“过度思考”表象的背后，依然是“无思考”。

回到市民社会理论，我们发现，无论在何种现代化论述中，“社会”的含义均未得到恰当的关注。比如，在与“国家”的对比中，“社会”的本质得到了怎样的重新论述？这种“社会”的本质如何落实到现实中的人及其生活上，而非停留在作为宏大叙事的“现代化”理论上？从个体具体的生活层面而言，市民社会的美德究竟何在？我们为什么要组成社会？这些根源性的基础问题并未得到深入的解析，尽管中国学者在介绍西方市民社会理论时，这些问题均得到了某种程度的见解提及。概括而言，中国市民社会理论被赋予的品格可以概括为以下数种：民主、自治、平等、契约、公共领域、市场经济、法治等。[1] 然而，这些浮光掠影的提及很快被纳入到了“现代化框架”中——“（市民）社会”的优点被简单地还原为一种有益于现代化的工具。事实上，社会自身的缺点转而又被用于现代化指向的国家的正当性论述。中国学者熟悉的黑格尔-马克思主义话语体系为这种

1 参见邓正来等主编《国家与市民社会：一种社会理论的研究路径》，第487页。

论述提供了便捷的工具与根据。

另一方面，许多的中国市民社会论者匆忙开始了各种经验研究，诸如“社区”研究、各种的所谓“民间组织”的研究等。尽管这些论述与研究有其各自特定的意义，然而根本性的“社会”——比如怎样理解“社区”具有的“社会”属性——并未得到探讨。意味深长的是，这些知识与论述旋即遭到“现代化”话语背后的国家权力的驯化，成为有中国特色的“国家学”的一部分。

2.市民的视角：国家与社会“良性的相互作用”论的问题

尽管或者说正因为“社会”视角的失落，中国市民社会论者表现出对阐述国家与社会关系的热衷。这种论述大致可以分为两种。一种是在西欧市民社会理论的范围内，论述国家高于市民社会，还是市民社会高于国家；或者在国家　社会力量的对比中，界定二者的强弱关系。另外一种则源于对中国经验的总结：1949 年到改革开放前的中国统治形态，被描述为全能国家对社会的吞噬，而改革开放被描述为社会的重新生成过程。

在众多的论述中，上文提及的“国家与市民社会的良性的相互作用”在话语空间中获得了支配性的地位；这种二者友好和谐的互动关系，一方面被视为建构中国市民社会的必由之路，另一方面被视为中国现代化的必然途径。

然而这种理论上的预定调和掩饰了对“市民”而言本质重要问题的揭示。第一，源于西欧国家与社会的良性互补、互动、互助关系，有其特定的历史根源与经验依据。在近代以降的西欧,虽然程度有所差别,但市民的自律是一个事实;这一自律成为国家与市民社会双方相互作用的前提。然而在中国社会中,这一前提并不是自明的。事实上,“市民”不可或缺的本质要素,诸如基于私有产权的经济自立、基于自由意志的公共事务参与等,可以说目前悉数缺席。第二,退一步而言,这种被假定的、被移植的西欧型“自律”如果说在政治学上的意义相对明确,那么它在社会学上的意义是什么?在生物学上的意义是什么?——人作为社会的生存性主体,这些必不可少的视点并未纳入中国市民社会论者的视野。

毋庸说,在经典市民社会理论当中,市民的“自律”并非仅仅是与国家包括对抗在内的互动前提;这种品格更使得自由生活、创造性生活成为可能,进而使得个体的生活自身得以可能、生命变得富有意义。然而,这种普遍主义视角并未被用于对中国“市民”可能的或必然的性格的描述。事实上,由于作为生活者的“市民”最初就从论者的视野中脱落开来,“国家—社会”关系论成为对国家的期望的表达。这种表达友好而恳切,却无法改变这种期望自身是无源之水、无本之木的事实。这种中国市民社会理论中的关系论——以及中国学者阐述的各种市民社会形态论、价值论——事实上均依附于国家,依赖于国家。论者们未能意识到,他们对全能型权力从经济领域、社会领域的撤出的期待与权力自身逻辑发生冲突。相反,这种善意的诉求,显示了论者对“国家”进行反思与批判意识的欠缺;市民社会理论再次被转换为国家理论。

结果,由于“市民”未得到恰当的关注,“市民”与“社会”两种形态的结合对于人类生活自身而言的意义——比如对美好生活是如何得以可能的探究,也没有得到恰当的揭示。在这个意义上,中国市民社会论者展开的国家与市民社会的各种关系论,实质性地阻碍了人们对自身生活的认识与探讨。

同样是在这个意义上,中国市民社会理论形式上的繁荣状态,遮蔽了实质性尚未得到深入讨论的问题:市民社会自身仍是一个有待解谜的"暗箱"——只有找到内在于其自身的生成、存续、发展、演化的普遍性机制,才能对"中国市民社会"无论就理念还是对现实而言,找到富有生命力的生长点。

三、市民社会的生存性思考:基于生活本位的重建

让我们总结一下上面的论述。概括而言,1990年代以来的中国市民社会理论本质上是"市民"与"社会"缺场的论述。由于这种缺失,中国市民社会论者的理论盲点与其说是"现代化框架",毋宁说是"国家框架"——这是一种更加隐性的、因而未得到质疑的前提。因此,回归"市民"与"社会"本身,成为我们推进或者说重新展开中国市民社会理论的首要任务。这种回归首先是对作为市民的个体的生存境遇的重新思考。这种回归,为我们提供了一种对作为现代化理论、作为发展理论的中国市民社会理论的批判性视角。这是一种普遍主义的视角。那么,这种视角的普遍性根据何在?

我们不难注意到,中国市民社会论者预设的"现代化框架"以及国家与市民社会的"良性的相互作用"等和谐的关系论,无疑突显了

“市民社会”的政治性格。国家统治形态的转型、政治的现代化、经济的市场化，这些固然是市民社会可能具有的整体性的政治效果，然而，这种现代化理论、发展理论视角下对市民社会政治性格的表述，其前提恰恰是市民社会自身固有的非政治性性格与品格——对于人类而言的生存性的性格。在这种生存观照下，不是特定的政治目标，尤其不是国家的目标，而是更好的生活才是市民社会的本质追求。“市民社会”恰恰应在其固有的非政治的维度上，展现其自身。这种“展现”所具有的政治意义，“国家”并无法理解。至于这种展现在现实政治生活中的作用与意义，比如对社会变革的修正与推动，那已然是政治社会学的课题，因而是次要的。因此，人类的生活自身乃是普遍性的必然根据——人同此心，心同此理，此理粲然。

反言之，如果市民社会的普遍意义未得到整全性的揭示，那么各种将市民社会纳入发展、纳入现代化理论的论者的解释，都无益于他们主观上试图达到的所谓的“现代化”目标——暂且不管他们的目标自身是否可疑。换言之，对市民社会的这种政治化理解，非但不能达到可欲的目标——那是另外一个过程，相反，却遮蔽了人们对“社会”、对“市民”的性格与品格的认识与自觉，更重要的是，消解了人们对美好生活追求的个体性的行动意志。从生活本位的——无论是个体的还是社会整体性的生活——角度而言，中国市民社会要以国家为手段，以现代化为生活的具体实现过程，而不是迄今为止学者进行的完全相反的论述。

因此，立足于当下中国的理论与经验事实，如何在普遍主义的层面展开市民社会论述，揭示市民社会的美德，成为中国学者重新展开市民社会理论建构的必经之路。为此,本文试图从以下两个角度展开初步的分析。

首先,从经验的角度来看,对生活与生命关怀的缺失,成为中国社会所面临的根源性问题。如同各种“社会断裂”“社会失衡”论所指出的一样,以数量庞大的“农民工”为代表的群体的出现,成为中国现代化过程中的特殊现象。在迄今为止的发展理论框架下,“农民工”问题的本质遭到了掩饰——健康、体面而富有尊严的个体生活如何成为可能?与形形色色的社会排除机制,尤其是政策性的排除机制对抗的社会团结如何得以可能?毋庸讳言,“农民工”问题不仅仅是一种特例,它只是以极端的方式突显了中国社会面临的普遍性问题——生存环境问题、食品安全问题、道德秩序失范问题、正义缺失问题,这些问题无一例外地构成了人们的生存性问题。人同此心,这些问题不需要更多的解释与说明。

因此,中国市民社会理论如果不能从生存性的角度解释这些问题,那么它将无法获得自身的发展。这种生存性的角度,要求论者恢复对市民、对个体生活与生命意识的思考,恢复对社会团结的认识。

其次,从理论的角度来看,上述转向并非要求我们急切地提出解决方案,恰恰相反,它首先要求我们进行批判性的思考。如同前文所述,中国市民社会论者对现代化匆忙的献计献策,固然显示出了他们的忧国忧民之心;然而这种心态如果未得到真正知识的支持,那么他们的“理论”仅仅是自己的信念,因而并不必然带来现实中可欲的结果。借用汉娜·阿伦特的说法,这种“不愿错过历史列车的急切态度”,最终将导致自己个体性判断能力的丧失,进而丧失作为主体的责任感。[1]

就此而言，中国市民社会的首要品格也就不言自明：市民社会论者必须恢复市民社会固有的批判精神。只有在这种精神氛围的熏陶下，作为个体的市民的独立思考与判断能力才能得以萌发与生长。这种批判将是针对权力、针对社会、针对个体的全面批判，而非仅仅是其中的一点。中国市民社会理论要为生活、更是要为支持美好生活的普遍原则——自由与正义——提供支持，而非为某种历史性的、每每遭受意识形态裹挟的抽象理念——无论是国家、社会还是个人——提供正当性论述，更非为作为历史进程的现代化自身呐喊。这种新型市民社会论述因其彻底的反思意识，因而将是一种与形形色色政治观念与权力保持距离的论述，是对权力、对资本、对意识形态的诱惑提供免疫力的唯一方法。

换一个角度而言，中国市民社会论者最终谋求的毋宁说是内在于市民社会中的生活准则——普遍性的生存准则、美好生活的准则——的现实化，或者可视性地接近，而非"现代化"这一暧昧范畴所能涵盖，更非国家某种形式的重新出场。

上述品格同样要求市民社会固有的解析与批判现实的立场必须得到恢复，必须得到尊重。反言之，市民社会不能被简化为现代化的目标或实现工具。如前所述，迄今为止的中国市民社会理论无论是建构性的还是解释性的，都最终沿着现代化的理论预设被回收到国家学当中。这种作为意图的或非意图的指向国家的理论建构的结果，是市民社会固有的"市民"与"社会"视角遭到了遮蔽，市民社会

1 ［美］阿伦特：《责任与判断》，陈联营译，上海：上海人民出版社，2011 年，第 20 页。

最终被抽象化为内容空洞、干枯的政治范畴。

然而，这种去政治化、去国家学的立场——告别国家——并不意味着新市民社会理论放弃了自己的政治意识，更不意味着它将陷入某种无政府主义立场；恰恰相反，这种刻意与权力保持距离的批判立场，最终会达成可欲的建构目标，亦即国家的大治——那将是另外一种社会现实的建构，是一个政治社会学的过程，它并不将任何希望寄托于国家的恩典，而是寄托于作为生活者、追求善与美好的人本身。在这种市民社会中，个体的生活与生命意识、个体的生存状态将得到重新的审视；这种重新审视将建立起对自己、对他者、对自由社会的基本共识。

四、寻求作为文明社会的市民社会

由于这种市民社会将个体的生存境遇置于首要的思考地位，这种社会将无法用特定意义上的"现代化国家""福利国家""民主国家"等用语表述。如果勉强为这种社会状态进行定位，那么它只能是"文明社会"。衡量这种社会的"文明"，既要依据迄今为止人类达到的物质与制度文明，也要依据作为普遍人性内在要求的自由与正义理念。作为现代化"后发国家"的现代中国，必须以追求迄今为止人类所创造、所享有的"文明"为唯一目标，这种"文明"同样是衡量中国社会发展得失的唯一有效标尺。

就迄今为止的市民社会理论、人类社会的发展经验而言，这种文明社会必须是国家、市民团体、市民都得到外在约束与内在自律的社会。这就是爱德华·希尔斯所言的“市民社会的美德”[1]。下面引述的说法可能显得平淡,然而对于个体性的市民、对于作为市民生活共同体的社会而言真正重要的问题,却得到了清晰的揭示。

> 文明识礼的风范意味着尊重社会成员的尊严。具有文明识礼的社会是这样一个社会,在这个社会中,成员在行事时彼此体谅,承认个人基于其人性以及作为政治共同体而获得的尊严,这种承认在制度上得到体现并受到制度的保障。文明识礼的风范是官僚之粗暴与警察之凶残的对立面。

这种社会同样是真正自由的社会。在西欧市民社会理论的奠基者比如在亚当·弗格森那里,只有这种社会才不会发生腐化堕落与政治奴役。“君主和人民一样会走向腐化堕落”;而在腐化堕落的社会中,“政治奴役”同样会落到所有人的头上。在弗格森看来,社会一旦发生腐化堕落,国家必然走向没落。因此,如何确保“自由”,这成为作为文明社会(civil society)的市民社会生长的根本内核。弗格森的观点同样显得平常,然而却性命攸关[2]。人同此心,殷鉴不远,兹引述一段,以结束全文。

> 压迫、不公正和残忍是否是和专制政体相伴而生的唯一弊病,对于这个问题我们应该分别加以考虑。同时,当我们用君主

1 邓正来等主编:《国家与市民社会:一种社会理论的研究路径》,第54—55页。

2 [美]弗格森:《文明社会史论》,林本椿、王绍祥译,杭州:浙江大学出版社,2011年,第301页。

所能赐予的福祉或对任何人都一视同仁的行政管理所能带来的安定来衡量民族的幸福时,自由所面临的危险莫过于此。我们能够看到这一点,就已经足够了。君主可能被自己的英雄品质冲昏了头脑。他可能会保护沉浸在感官享受中的臣民。但是,产生于自由的好处与此不同。它们并不是在人们心中起作用的美德和善良的产物,而是将这种美德本身传播给众人的活动。而且,文明社会的这种职能分工使得许多人都能够从事与自己个性相符的事业和职业。

二十五

新贸易立国论：文明与世界秩序的生成

一、世界贸易与文明进程

众所周知,2001 年中国正式加入世界贸易组织(WTO),成为该组织第 143 个成员国。从 1986 年要求恢复关贸总协定(GATT)缔约国身份开始,中国长达 15 年的贸易谈判成果最终具有怎样的意义?这种意义的阐释取决于我们对 WTO 的主旨以及对世界贸易自身的理解。在 GATT 部长级会议于 1994 年通过的有着“WTO 宪章”之誉的《马拉喀什建立世界贸易组织协定》当中,有关于建立 WTO 这个多边贸易组织目的的完整阐述,其中之一就是维护并落实“以往贸易自由化努力的成果”。我们是否理解了这个目标的全部含义?问题首先在这里得到了呈现,或者说我们必须思考下述问题:贸易自由化,是否只是经济发达国家的一种特定利益的特殊政治安排,因而注定将被另外一种更公正的秩序所取代?或者相反,贸易自由化具有普

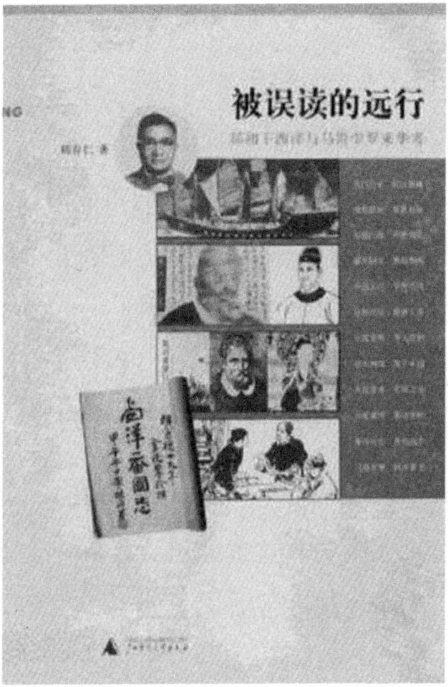

遍人类的某种性质,因而只能被追求而无法被超越?

对现象的观察有助于我们进入主题。2010 年末,中国 GDP 总额超过日本,位居世界第二。在一定程度上,可以说这是中国参与世界贸易组织而获得的红利。人们为这个 GDP 总量欢呼雀跃。然而,与这种经济效果相比,中国加入 WTO 的政治意义尚未得到充分的认识。不过,随着这种经济总量的激增,作为与这种政治意义多少有些关联的现象,“负责任的大国”成为海内外对中国共同的期许。但是,这是一种浮浅的看法,因为根本性的问题尚未得到自由的探讨。比如,我们口中的“大国”究竟意味着什么?“责任”又为何物?除了含义暧昧的“经济发展”“国家利益”,我们对“大国”又有怎样的诉求?这个“大国”能将正义、秩序与文明带给世界,当然首先带给我们自身吗?从一个半世纪以前“天朝”的失落,到当下脍炙人口的“大国崛起”,后者是否有属于中国自身的历史与文明意识?我们还要追问:我们有实现自身目的的技术手段吗?如果没有恰当的手段,那么这一轮新的诉求无非是新一轮文人墨客们的浪漫幻想。

本文将带着上面提出的问题与困惑,回到几个特定的世界贸易史的瞬间:(1)1945年英美贸易体制的安排;(2)1793年的中英贸易谈判;(3)1405年开始的郑和远洋航行。本文的目的并非重述几个广为人知的“故事”,而是从这几个历史片段中,试图捕捉、说明、理解并认识贸易问题所具有的意义——这是一个关乎人类文明演进的动力机制问题。显然,人类文明演进的动力机制应该而且必须得到多角度的揭示与解释;限于篇幅与主旨,本文将关注自由贸易在人类文明发展中的作用。本文将试图说明,自由贸易是人类生活中的一种中立的——因而是公正的、不偏不倚的——交往技术;正是随着这种技术的不断进步,人类更为广阔的文明得以发展、演进。这是因为,在这一文明进程中,人性的发展获得了物质的、精神的与制度的(亦即政治的)保障。

这里还要提前说明的是,下面的几个“故事”都是在人类文明史中的几个瞬间发生的小插曲、小故事。但我们将试图从中找到共性,即它们对历史发展、对世界秩序形成所具有的关键性意义。在笔者看来,历史就是在瞬间的偶然状况中呈现了自身,某个偶然事件的状况可能完全左右下一个瞬间的历史走向。这个偶然的瞬间或事件,源于自然:一方面是纯粹自然环境的偶然变化,另一方面是人类中具有影响的个体的特定行为,而前者对后者还具有不可抗拒的影响。

这个自然，就是人类的自然，是探寻并判断人类普遍文明的真正基准。人类社会历史的发展机理，内在于这个人类的自然。

在这个意义上，本文的主旨就在于，如何从人性自然的角度来理解世界社会的状况，理解我们当下的处境。这个“人性自然”的另外一种表述就是普遍人性。人类进行自由贸易的必要性由于内在于这个普遍人性，由其生发出来的历史结果与意义，就是文明进程的本质内涵。本文标题所示“新贸易立国论”，其主旨正在于此。众所周知，二战后日本有“贸易立国”的国策，并实际上取得了非凡的发展业绩。不同于这种着眼于经济政策的传统看法，我们将努力探寻作为人类文明发展与世界秩序形成机制与动力的贸易立国论。

二、1945 年：英国与美国

1945 年 9 月，英国为取得美国的资金援助以进行战后重建，凯恩斯勋爵等五人来到华盛顿。凯恩斯试图以自己卓越的口才与精湛的专业知识，为自己的祖国争取最大的利益——以无偿或无息的条件为英国争取一笔高额贷款。然而，接下来两个月艰苦卓绝的谈判结果却如英国代表团的一位成员所言，“与预料的一模一样：十足的羞辱”[1]。受此次“贷款谈判长期劳累和苦闷的致命损害”，凯恩斯这位声望如日中天的经济学家数月后宿疾突发，溘然长逝。

明知不可为而为之，这可能是被誉为“中国古代圣贤转世”（哈

1　转引自张振江《从英镑到美元：国际经济霸权的转移（1933—1945）》，北京：人民出版社，2007 年，第 391 页。

罗德语）的凯恩斯个人的悲剧。他试图努力，他要为英国赢得最大利益。然而如同后世诸公不无怜悯地指出的一样，这是一个超级大国走向没落的“痛苦呻吟声”，是一个“令人心酸的故事”。不过，1945年发生的让人多少有些感伤的故事还有让人宽慰的一面：此间英国与美国均显示出了成为“负责任的大国”的政治与文明担当者的意志，而这种意志体现在经济秩序上，就是对战后货币—金融—贸易三位一体的管理技术的设计与开发。凯恩斯无疑是实现这种共同意志的主角之一。在这个意义上，区分英国与美国就不再具有本质重要的意义。

在有名的“凯恩斯计划”（《国际清算联盟草案》）中，凯恩斯写道：“我们需要设立一个纯技术性的、不带政治色彩的中心机构，以援助和支持致力于计划并整顿世界经济生活的其他国际机构。”[1]这是关于战后设立“国际清算联盟”众多目标中的一个，该方案旨在争取国际贸易的更大自由，让国际主义获得新生。凯恩斯草案尽管最终被美国的“怀特计划”取代，但他的这一目的却没有、亦无法被替代，因为这一目的源于对人类事务的深邃洞察，并且获得了纯粹知识与技术的支持。换言之，“凯恩斯计划”是一个普遍的人类目标。

另一方面，1945年9—12月间英美财政贷款谈判中，美国对英国非但寸步不让，而且极尽压制之能事。将美国的行为简化为“霸权之争”，这只会导致我们失去深度理解世界、理解我们自身的视角与能力。我们首先必须注意的是，美国的这种做法正是美国政治成熟的表现。凯恩斯的“悲剧”只是在这个意义上成立：他虽然凭借无可比

1 ［英］哈罗德：《凯恩斯传》，刘精香译，北京：商务印书馆，1997年，第558页。

拟的专业技术知识敏锐地洞察了战后世界秩序与正义的实现方式,但国家实力的天平早已倾斜到了美国,倾斜到了这个经过两次世界大战、经历过经济危机洗礼而走向成熟的美国。“凯恩斯计划”或许是同样杰出的战后国际金融政策,但注定无法在美国治下的世界付诸实践。

1945 年底,英国议会批准布雷顿森林最后协定,正式让出了主导国际贸易制度重建的权力。当然,人们不会忘记,布雷顿森林体系正是在凯恩斯的力促下得以创建。恢复国际贸易的自由体制,重建作为繁荣、富足与公平手段的资本主义,为人们凭借自身的本性培养良好的心态、思想和情操而提供制度支持,这些就是凯恩斯赢得“现代社会最卓越的思想家”之声誉的要因。[1] 凯恩斯对自由贸易功能的卓越洞见,源于他对人类生活本质的洞察。

美国以全球性的“自由贸易圈”,取代基于歧视的所谓“特惠制”的英帝国贸易圈,后世学者多视之为“霸权转换”。然而从货币与金融的角度来看,它首先是一次贸易技术的升级。而这种中立技术与作为中立价值的自由的融合,奠定了战后美国治下和平与繁荣的长远基础。在这个意义上,当下一些国家的左派知识分子对全球化,尤其对全球贸易体制的批评,因未注意到国际贸易具有的技术中立性的一面,可以说完全未得要领。当下全球化带来的问题,不在于自由贸易体制自身,而在于这一体制的内涵与潜能尚未得到有效的阐发与实现;人们当下的政治行为要为其负责。换言之,人们所面临的危

1　参见斯基德尔斯基《重新发现凯恩斯》,秦一琼译,北京:机械工业出版社,2011 年,第 8—9 章。

机,不在于技术自身,而在于对技术不正确的理解与非道德的使用。在这个意义上,思想要为现实负责。

三、1793 年:中国与英国

思想要为现实负责,这种通过回顾历史获得的后知之明,无疑会让我们陷入沉思。在给英国国王乔治三世的回信中,中华帝国史上屈指可数的伟大帝王乾隆皇帝写道:“天朝物产丰盈,无所不有,原不借外夷货物以通有无。”“至尔国王表内恳请派一尔国之人居住天朝,照管尔国买卖一节,此则与天朝体制不合,断不可行。”“天朝抚有四海,惟励精图治,办理政务,奇珍异宝,并不贵重。……天朝德威远被,万国来王,种种贵重之物,梯航毕集,无所不有。”[1]这是 1793 年 9 月发生在帝都北京的故事。乾隆皇帝弘历(1711—1799)以英明著称,但他以“天朝体制”为由的拒绝导致了怎样的结果?

1792 年 9 月,英国国王以给乾隆祝寿的名义,向中国派出了以马戛尔尼勋爵为代表的庞大的使团。使团的真实目的是提议与清朝中国进行交往与贸易——“西方的统治者以他们的实力和利益为借口提出只许有一个世界,一个他们可以自由行动和经商的世界。”[2]在与贸易相联系的传教领域,明末来华的耶稣会士,曾多次提出使用武

---

1 转引自[法]佩雷菲特《两个世界的撞击》,王国卿等译,北京:生活·读书·新知三联书店,2008 年,第 249—250 页。

2 [法]佩雷菲特:《两个世界的撞击》,第 12 页。

力打开中国大门[1]。不过，此时天朝依然呈现出不可撼动的形象，以武力保护贸易的欲望遭到了遏制，和平得以可能。然而，此时英国在观念上已然不战而胜。“技术上的相互启发，贸易的普遍性”，这就是马戛尔尼准备贩卖给乾隆的思想，“斯密斯的观点是官方学说”[2]。对于这种学说，以轻视商业著称的中国文人官僚阶层可以说完全陌生。中国失败的种子，此时已然萌芽。

中国皇帝拒绝对外开放，这没有改变英国实现控制全球自由贸易的步伐；但中国却因拒绝变革，最终以付出巨大代价的方式改变了世界。后世人们或津津乐道或叹息不已所谓的“礼仪之争”：帝国要求英国使团行三跪九叩的觐见朝礼，而马戛尔尼则坚持以西礼应对。其实，无论怎样表述礼仪之争的本质都不重要；因为它仅仅是两个帝国碰撞的表面形式。如同法国学者佩雷菲特注意到的一样，这是“自由贸易最发达的国家和对此最无动于衷的国家的相会”。这正是问题的要害：“这次远征使人深入了解到传统社会之所以‘不发达’和先进国家‘发达’的奥秘，它们之间的相会很可能将来支配未来的世纪。”[3]那么，这种“奥秘”意味着什么？今日我们对这种奥秘有所洞察吗？

对于乾隆皇帝的拒绝，事后聪明的人们容易对此持苛刻的批评态度，诸如这是中华帝国的傲慢与无知，云云。诚然如此。然而回到历史现场，事实可能正如乾隆皇帝所言。正如经济史家动辄指出的

1　参见［美］邓恩《从利玛窦到汤若望：晚明的耶稣会传教士》，余三乐等译，上海：上海古籍出版社，2003年，第1章中的相关引述。

2　［美］邓恩：《从利玛窦到汤若望：晚明的耶稣会传教士》，第13页。

3　［美］邓恩：《从利玛窦到汤若望：晚明的耶稣会传教士》，第3页。

一样,中国从明到清(1368—1911),至少到乾隆治下的时期,是世界上头号庞大的国内经济体;这一结果得益于国内市场规模、人口密度、商业化水平较为发达的国内贸易体系。当乾隆皇帝说"天朝物产丰盈,无所不有"时,他只是正确地描述了一个事实。然而,这个全球第一的GDP,这个著名的"盛世"——当下许多中国学者想象并孜孜以求的——并不必然转化为帝国的国力,遑论进一步转化为世界正义与秩序的生成源泉。问题在于,当时为政者与士大夫未能洞察到先进国家发达的"奥秘"。

在乾隆时期,中国事实上已然形成了以大陆为中心的一个庞大的贸易体系,该体系通常被不恰当地称为"朝贡贸易"。与此同时,英帝国正竭力将印度次大陆纳入其统治范围。乔治三世派遣马戛尔尼勋爵使华,正是试图通过打开与中国的贸易通道,实现其统治印度的目标。然而,英国这一自认"世上最强大的国家"与中国这一自认"天下唯一的文明国家"却自此分道扬镳:英国的自我预言成为现实,而中国则步履蹒跚地走向"文明"的毁灭。文明的毁灭,如果得到恰当的理解,那将是文明新生的起点。我们首先要思考的是,导致中英两国擦肩而过的分叉点究竟在哪里。

在众多的解释中,经济史学家提供的如下说法必须引起我们的注意:"与世界其他地方,特别是与欧洲和美国的产品生产相比,可以把中华帝国晚期商业体系的成熟看成是其走上技术简单化道路的直接原因。……正是由于中国经济中商业贸易领域的力量才造成了生产领域的技术简单化倾向。”[1]这里的“商业体系”被描述为“买主拉动的生产网络”，而非近代“生产拉动的生产网络”。二者的区别在于，前者要求弹性化的生产网络和订单，中小型家族企业承担了主要生产，因而导致技术趋于简单。在这一视角的解释中，中国与世界文明进程的分叉点正是生产技术与贸易的特定形态。

乾隆皇帝所拒绝的乔治三世的改革开放的建议，直到近两个世纪后，才由另外一位中国政治家确立为立国之本。当时的帝国精英们无法理解英国的思想，尤其是“技术上的相互启发，贸易的普遍性”。事后证明，技术与贸易，这正是导致两个帝国霸权交换、两种文明易位的两个——中立性的——本质要素。这些要素与意识形态无关，而与文明进程息息相关。

事实上，在英国使团访华前，英国的水力纺织机已经广泛使用；而此后的一二十年间，英国的工程师成功驯服了蒸汽，人类社会开始进入蒸汽时代，蒸汽轮船、铁路开始改变人们的视野与生活，并最终对人性的展开与实现发挥了难以估量的影响。与这种生产技术相辅相成，当时英国处于世界贸易的最顶层（布罗代尔语），这种贸易对财富与政治的改变具有独立于产业特征（金融、商业、工业或农业）的性格。这里只需提及的是，人类的贸易行为内在于人类史自身，而在人类史上首次意识到这种行为的政治意义，当首推当时的英国政治家与商人。

由于掌握了生产技术与贸易这两种人类生活中的中立技术，英

1　[美]阿里吉等编：《东亚的复兴：以500年、150年和50年为视角》，马援译，北京：社会科学文献出版社，2006年，第258页。

帝国将清王朝的贸易体系驯服,只是时间与机会的问题。意味深长的是,正是中国—印度—英国之间的不均衡贸易,最终成为英帝国实现自己梦想的现实契机,这就是1840—1842年第一次鸦片战争期间发生的故事。如果暂时悬置鸦片贸易的非道德因素,问题的本质就呈现了出来:当作为贸易手段的特定商品遭到抵制后,使用有限武力来迫使中国开放,成为英帝国的必然选择。相反,如同一些学者注意到的,清朝政府在决定制止鸦片贸易时,“他们更加关心的是这种毒品对贸易平衡造成的破坏”。[1] 从这一视角重新阅读1842年的中英《江宁条约》与1858年的中英《天津条约》,我们将对其中详细的通商安排不再感到意外:两个伴随着暴力的条约最终实现了马戛尔尼访华团的使命。

中英两国兵戎相见,可视为英国使团寻求自由贸易失败的结果。这一结果对中国近代史走向的影响,我们如今应该怎样理解?佩雷菲特作出了局外人的解释:“中央帝国拒绝了本来可以使它进入国际生产秩序的贸易协定。但它无法使它的臣民不受消费的诱惑。这下中国不是作为一个贸易和工业大国而是作为毒品的消费者进入到世界市场。”[2] 这是一种基于普遍人性的解释:消费行为内在于人类行为自身,因而无法得到完全的禁止。因为,正是世界范围的贸易活动,为人类的这种行为以及尚未实现的欲望,提供了有效的实现手段。

然而,与我们的想象相比,这种手段的作用并不容易得到理解。

---

1 [美]伯恩斯坦:《茶叶·石油·WTO:贸易改变世界》,李晖译,海口:海南出版社,2010年,第294页。

2 [法]佩雷菲特:《两个世界的撞击》,第447—448页。

佩雷菲特对此并不讳言。他写道："要向别人学习，中国人应当摆脱千年以来的骄傲情绪。他们经过了两个世纪的悲剧后才习惯这一想法。但没有迹象说明他们准备这样做。"这是我们曾经熟悉的叙事；问题在于，那种"骄傲情绪"是否以及如何得到了认识与消除。他接着写道："从1793年至1978年，中国一直想遵循自己的模式。除几次很快就失败了的尝试，它拒绝谦虚地向外国学习。只有中国的文明。一切不好的事都必然来自外部。一切好的东西则来自自己。"——不错，"自己的模式"，这种表述让我们耳熟能详：这不就是对"中国模式"的某种基于历史事实的批评吗？当今日的一部分中国学者谈论"中国模式"时，他们是否意识到了前人的痛苦经验，以及局外者对内在于此思维方式的问题的忠告？答案如果是否定的，那么他们的论述就是不负责任的空话。

在进行上述表述时，佩雷菲特的语调发生了变化，甚至有些焦虑，这是因为，"甚至在十一届三中全会之后，……他们批评贸易自由，批评世界资本主义市场系统，即开放世界的系统。他们还用马克思主义的辞藻像乾隆与慈禧一样拒绝全球的现实。"忠言逆耳，在出版其著作的1980年代末期，佩雷菲特表达了沉重的疑虑与困惑："他们真的变了吗？或者历史又在北京重演？马克思主义同清王朝一样对中国人来说是舶来品——但两者都同样促进了中国的闭关自守。"[1]他们，不，应该说是"我们"，真的变了吗？

今天看来，佩雷菲特的担忧部分是多余的，因为中国已然加入了世界贸易组织，这种政治决定及其在国际法上的权利与义务，可以说

1　[法]佩雷菲特：《两个世界的撞击》，第479—480页。

一劳永逸地解除了关于世界贸易的闭关锁国、故步自封的心态与政策。然而,佩雷菲特的担忧依然具有警示意义:参与世界贸易的进程,这意味着中国参与到了世界文明的进程中;作为中立技术的自由贸易,将改变中国人的世界认识、自我认识与文明认识。我们必须在这个层面上理解2001年中国加入世界贸易组织所具有的历史意义:这是中国融入世界文明的契机。

四、中间考察:贸易、人性、文明与秩序

使用武力迫使封闭的经济体打开门户,这种行为的非正义性在非西方国家看来不言而喻;这种关于非正义的切肤感受,凡被迫卷入国际贸易体系的各国,概莫能外。然而,这种感受与历史观不应成为我们洞察历史与人性的障碍。

如果将“贸易自由”——作为“自由”的一个领域——视为天赋权利,那么在开启近代世界秩序的思想家那里,贸易因被视为“高贵且和平的事业”,违反这一商业利益就可以不宣而战,这些想法与实践就是符合国际法的正义了。当然,贸易自身既不高贵——当然这取决于对技术价值的判断——亦不和平,贸易仅仅是一种人类维持生存、进而谋求幸福的交往手段。而且,贸易最初就与战争联袂而行,却是历史事实。16世纪末17世纪初荷兰与西班牙(葡萄牙)在广阔海洋上的武装斗争,本质正是贸易战争。值得关注的是,这种武装贸易拉开了人类社会进入近代的帷幕。从国际法形成的角度来

看,近代世界政治秩序的形成正是源于这场贸易战争[1]。

可以说,作为交往技术的长途海外贸易显示出了非凡的政治含义。那么,这种政治含义何在? 限于篇幅,这里仅从三个视角进行观点的提示。要注意的是,下述三点只是人类的一种普遍活动,即贸易活动所具有的意义的三个侧面,因而它们具有内在的关联性。

第一,作为内在于普遍人性需求的贸易。自然资源分布的差异、技术文明的先后与人类生存状况有着密切的联系,因而成为世界贸易的诱因[2]。通过互通有无的方式聚集财富而过上体面的、有尊严的生活,这种人性与作为近代政治原理的个体"自我保全"(霍布斯语)原理并行不悖。既然如此,任何对贸易的限制被近代思想家转换为对天赋权利的限制,就成为必然的题中之意。比如,国际法先驱学者弗朗西斯科·维多利亚(1480—1546)就依据他所阐述的自然法与万民法,为西班牙人的贸易自由权利作出了法律上的辩护[3]。贸易获得了这个层面的政治含义,或者说在自然正当的意义上得到了全新的阐述,这完全是近代特有的现象。这是一种从普遍人性生发出来的政治意义。

第二,作为资本主义理性统治技术的贸易。西欧各国走向资本主义统治的过程,同时是早期民族国家(或称国民国家)成立的过程;其中,由政府资助的武装贸易活动起到了不可替代的作用。事实上,16—17 世纪的欧洲战争(诸如"意大利百年战争""英法百年战争""荷兰独立战争"等)导致各国对流动资本的持续需求,这种需求正

1　[荷]格劳秀斯:《捕获法》,张乃根等译,上海:上海人民出版社,2006 年,第 189、321 页。

2　参见[美]柯丁《世界历史上的跨文化贸易》,鲍晨译,济南:山东画报出版社,2009 年。

3　参见[美]柯丁《世界历史上的跨文化贸易》,第 61 页。

是诸民族国家进行武装贸易的动力机制。政府与贸易公司结合,通过税收筹集战费,这成为早期民族国家生存的必要条件。在这一结构中,商人最终取得了可以从根本上影响政治的力量。因此,荷兰、英国等国东印度公司的成立,对欧洲和世界历史来说,都具有非凡的意义。当时西欧诸民族国家的观念是,无论哪个国家,只要控制了与亚洲的贸易,它就获得了“向整个商业世界发号施令的权力”[1]。就此而言,贸易的政治意义在于近代民族国家的“国家理性”:在诸民族的竞争中,国家必须恰当地运用贸易及附随其上的金融、财政技术。也正是在这个意义上,法国思想家福柯认为,近代西欧的“重商主义”不是一种经济学说,而是民族国家基于“国家理由”的治理实践[2]。这是一种源于国家理性的政治意义。

第三,作为塑造文明形态力量的贸易。这种长距离海外贸易一旦成立,它开始在新的时空维度上拓展乃至塑造人性;随着时空的向外延展,不同文明的人群得以接触与交流,人们的眼界获得了开放。在新的视域下,“我族中心观”或早或晚地走向了风化、瓦解之路。这一进程中本质重要的是,基于贸易自身的正义秩序(基于交换的等价正义)得以确立。事实上,就法权的结构与实现而言,如同法国思想家科耶夫论述的一样,商人因参与交换活动,他们“生来就倾向于接受等价正义的理想,倾向于在任何可能的地方都让这种理想占统治地位”[3]。当这种商业活动成为生活共同体的主要活动时,内在于这种交换活动的正义将生发出正义的其他维度。换言之,正义正是在

1 参见[美]伯恩斯坦《茶叶 · 石油 · WTO:贸易改变世界》,第 9 章。

2 [法]福柯:《生命政治的诞生》,莫伟民等译,上海:上海人民出版社,2011 年,第 4 页。

3 [法]科耶夫:《法权现象学纲要》,邱立波译,上海:华东师范大学出版社,2011 年,第 212 页。

这个过程中得到了落实，有效的法治社会同时将生成。显然，贸易具有的这一层政治意义，其根源在于人类政体的社会生活。

要言之，在贸易自身力量的推动下，现实的国内政治与世界政治都必然会发生形变。在上面的观点提示中，这种结构上的形变可以视为人类文明的进程自身，因为正义与人性的理念正是在这一过程中得到落实与实现的。尤其值得注意的是，正因为贸易的政治含义均以隐性的方式存在，它的这一力量才得到了可视化的展现，而不论政体专制与否。这是一种自然的过程，因而可以称之为正义与文明的"自然生发的过程"(哈耶克语)。当然，并非所有现实中的贸易都可完全发挥其政治功用。其中，官办贸易由于其非自然的性格，并无法生发出与人类文明进程一致的政治秩序，这种贸易的事例，我们仍然可以见诸历史。

五、1405年：中国与世界

作为对比，我们要看另外一个历史瞬间——准确地说是超过四分之一世纪的历史时期，那就是中国历史上著名的郑和远洋。在中央集权的举国体制之下，明王朝从永乐皇帝开始，不惜耗费巨资，于1405—1433年间先后七次命郑和出海。

关于郑和远洋的目的，有几种不同的说法。其中，宣示宗主权、"宣扬王化"、营造"万邦来贡"的局面，被认为是最重要的政治任务；为此，送迎沿岸各国使臣回国或朝贡，就成了舰队往返中土与南洋的主要目的。虽然有少量的贸易活动伴随着每一次舰队远洋，但这种贸易活动成了不折不扣的官办行为,与以赢利为最高主旨的近代海外贸易迥然不同。因此,在秩序形成的意义上,郑和远洋确立的是传统中国的朝贡贸易体制,确立的是等级制度下的和平,维护的是天朝礼仪与体制。相较于近一个世纪后的西欧航海远洋,它不具有人类普遍的意义,尽管在中国文明向东南亚的传播过程中,郑和远洋具有一定的意义[1]。从这个贸易的视角来看,在1405年郑和首次受命出海时,开启全球近代政治文明的机会并未出现过。机会不属于当时的中国,这对于我们今天的中国意味着什么?

我们可以从多种角度来揭示其中的意义。不过,对于我们而言最重要的,不言自明的教训就是,这种以集中力量办大事为指针的政治安排,如果它不符合人与自然的本性,那么结果将事与愿违。对此,我们还可以从以下三个角度稍作解释。

第一,伴随着郑和远洋进行的贸易,仅仅是象征性的官营贸易,因而不同于内在于普遍人性的、源于对财富的正常渴望与追求的贸易。事实上,单就朝贡贸易自身而言,为维护自身作为"天朝上邦"的宗主国这样一种象征,朝贡对于中国,更多的是赠予行为,而非等价的交换行为。换言之,朝贡贸易的主旨在于朝贡,而非贸易;这种行为具有特定的、特殊的政治价值,但不具有普遍人类的政治价值。事实上,朝贡贸易具有的特殊的政治价值,除了源于宗主国—属国之间的保护关系,在很多意义上也依存于有限的贸易自身——航线途经的南洋、阿拉伯乃至非洲国家,获得了来自王朝的丰富的商品。这种贸易的意义,更多的显现在与郑和远洋同时期及其后的东南亚民间

1 参见曾玲主编《东南亚的"郑和记忆"与文化诠释》,合肥:黄山书社,2008年。

贸易过程中：南洋华人社会的形成，更依赖于这一历史过程中的自然结果[1]。

第二，朝贡贸易的推动力是权力，因而它自身具有上下的等级制度，与自发的、基于自由的贸易交换行为性格迥异——后者具有秩序生成的力量，而前者则因特定时期的政治观念与制度的制约，无法将贸易自身的力量展现出来。换言之，政治权力消解了内在于贸易的人性的展开与实现。中国政治思想传统中的"修文来远"观念，在普遍人性的面前失去了它被赋予的文明光环。因此，"朝贡贸易"不具有文明史上的意义，尽管它在某种程度上维护了区域内的和平。因此，历史与现实中的种种被冠名的"贸易"，最终是否具有秩序生成的力量，取决于贸易的具体形态与贸易技术（包括货币、金融技术）高低的水准。

第三，更深重的问题在于，这种官办活动有可能阻碍了文明的演进。事实上，因为文明从来都与野蛮（非道德意义上的）结伴而行，当中国自身的商业文明无法更进一步时，野蛮的——或曰停滞的、倒退的——力量将占据上风。当然，这么说的目的并非是以历史的后知之明去责难先人，而是旨在从历史中吸取经验，以为当下的行动提供必要的知识上的支持。郑和远洋未能实现中国商业活动的进步，因而我们无法从中发现更具有普遍性的意义。有学者注意到了郑和舰队的和平性格，因而试图论述说，如果郑和模式推广到世界范围，今日的世界秩序将截然不同。对于这种看法，笔者展开批评的前提并

1　参见陈存仁《被误读的远行：郑和下西洋与马哥孛罗来华考》，桂林：广西师范大学出版社，2008 年。

非是历史不能假设,而是一个事实问题:郑和舰队的和平性格为何未能成为此后支配性的政治力量?或许我们还要回到普遍人性的角度来寻求解答。如前文所述,这种官办贸易的弊端,在中西文明交会的19世纪最终完全呈现了出来。事实上,传统中国成为国际社会的一员,恰恰是以亚洲朝贡贸易体系的解体为前提的[1]。

让我们回答本文第二节开头提出的问题:当乾隆皇帝拒绝了当时还是"小英帝国"的乔治三世通商的正当要求、权利要求时,他同时扼杀了中华文明继续生长的契机——这个契机就是给予人民自由,首先是给予人民通商贸易的自由。由于加诸这个自由身上的枷锁未得到及时的解除,大清王朝数代皇帝文治武功积累的伟大成就,竟然在半个世纪后,几乎消失殆尽。从文明盛世到跌落进"野蛮"的深渊,仅仅几步之遥。真正伟大的政治成就,不在于开疆拓土,而在于为普遍人性的实现,提供精神的与物质的条件支持。

六、结语:作为文明手段的贸易立国

进入16世纪后,西欧的经济体系开始带动全球的经济变迁,重新塑造全球秩序,其中贸易活动的作用厥功甚伟。可以说,贸易在现代文明体系与秩序中具有不可替代的重要意义;但这个意义是否得到充分的展现,则依赖于国内体系的各种要素——生产、流通、财产、行政、司法——的组合方式。无需赘言,这种组合方式本质上取决于

1 [日]滨下武志:《近代中国的国际契机:朝贡贸易体系与近代亚洲经济圈》,朱荫贵等译,北京:中国社会科学出版社,1999年。

法的统治形态。只有在真正的法治条件下,在法治保障的市场交换的条件下,贸易自身的力量才能得到激发,并成为建构文明必不可少的手段。相反,贸易活动的法治条件如果不具备,那么“贸易立国”——通过世界贸易创建文明之国——这一口号所蕴含的政治价值,将无从得到认识与实现。

文明与野蛮同伴而行,这正如同人性一样——“人之异于禽兽者几希”(孟子)。这是一种苛刻的历史境况。正因如此,真正的政治与政治家的意义就在于,如何为文明的生长与存续保存命脉,而不至于为反面的野蛮所控制。在这个意义上,与他民族的“贸易”——注意其本质是人类的交往活动——给了我们一面可以时常观照自身野蛮程度的镜子。只有在这个意义上,“贸易立国”才最终显示了它全部的政治意义——贸易在最终的意义上乃是文明自身的贸易,亦即文明交流,而非原初的商品交换意义上的贸易。

由于自由与贸易同普遍人性的契合,它们成为近代西方文明的真正基础。在迄今为止的以民族国家为结点的世界政治体系内,掌握并时刻推进这两种(自由与贸易)普遍技术的民族,将是最终胜出的民族。

(原载于《大观》第10卷,2013年6月)

后记

面向世界社会的探索

一

本书所收录的文章，除了几篇发表于学术刊物《大观》的论文，多数为最近几年为《上海书评》撰写的书评论文。收录本书时，为将这些文章共有的问题意识与观点以更清晰的方式呈现出来，除了在形式上略作更动，我还对文章标题与部分字句也进行了微小的调整。这些文章的共同指向，我已经在本文集的导言中进行了集中表述，那就是如何认识我们所处的这个时代与这个世界。

认识因角度而异，此言不差。然而，我们不应安于这种容易导致自我满足甚至是自我欺瞒的认识。这是因为，这种对自我认识正当性的辩护，将其基础置于主体的视角之上，而全然缺乏对“视角”自身的反思——如果“角度”是扭曲的，那么认识自然无法做到中正。如同迄今为止的种族主义、阶级主义、民族主义视角已然或正在被文明所克服一样,角度自身无法为认识提供辩护。那么,我们如何获取关于世界的科学认识,也就是获得具有普遍性的认识？很遗憾,这个问题并没有方便的答案,否则世界各地的无数学者不必再继续费心劳神地进行研究、探索与反思。

然而,这并不意味着我们无法探寻、无法接近关于世界、关于文明的普遍认识。我们的认识起点,只能是迄今为止的人类文明进程自身;而我们评价的基准,则是文明发展的最高状况、对这种状况的正确认识以及人类自身对好的生活的构想。因此,我们注定要在理想与现实的紧张中展开我们的认知活动。幸运的是,由于学术活动的昌明,人类迄今为止文明史的方方面面正得到深入而细致的探讨,其经验教训正在得到深刻的反思。在这个意义上,这是一个幸福的时代。只要我们愿意,我们总能获得校正我们认识世界所不可或缺的知识与工具。"人同此心,心同此理。"当我们谦卑地面向他人、面向自己之时,我们就已然开始面向这个世界。

事实上,对于可欲的好的生活,这个世界一直在大公无私地向我们展现它的可能。中国古典有云:"天无私覆也,地无私载也,日月无私烛也,四时无私行也。"只有置身于世界社会当中,我们才能获得关于这个世界的认知。世界是一个社会,个体与由个体构成的各种团体(包括国家),是其中主要的成员。我们不应忘记的是,这些成员构成了我们所知的世界自身,构成了我们生活的场景与背景。只有从这个世界自身出发,也就是从我们的生活自身出发,我们才能理解这个世界的成员。——我在导言中提到的"新世界主义",正是基于这种对世界社会与我们生活自身关系的理解。

二

回想起来,这些书评论文竟成为我这几年最主要的学术表达平台。这里所说的“学术表达”,首先是指每一篇文字的立意与撰写,我都竭力按照学术论文的标准要求进行。学术论文的标准固然不一,但客观上经得起学术共同体的检验,主观上符合知性诚实的品质,则是我所有工作不证自明的基本前提。因此,在撰写每一篇文章时,除了自己日常的积累,我都要进行相关书籍与资料的重新阅读。这些阅读直接反映到了文章的引用上。

不过,这些“学术表达”还有另外一层含义,那就是将自己的学术积累、基于学术的社会与世界认知,通过书评的方式与更广泛的读者群体分享。因此,在撰写这些文字时,报刊读者群的存在,成为我时刻意识到的对象。这种意识对我提出了更高的要求:如何在有限的篇幅内,将某种观点尤其是学术界有着普遍共识的观点加以介绍的同时,将自己的心得与认识表述出来。回想起来,因版面限制,每次撰写书评后,最主要的工作就是反复凝练观点与语言表述。其中,对篇幅的一再压缩,让我屡次品尝“忍痛割爱”的感受。

然而,也正是得益于这种客观限制,我对学术表达又有了新的认识——在因有限而珍贵的版面中,将自己最有心得的研究与认识呈现出来与更广泛的读者分享,激发包括自己在内的所有读者的思考,这不正是学术研究工作的最终旨归吗?由此我想到了修学时代导师一再强调的立场,即撰写论文时要有“禁欲主义”的态度:每一句话从头到尾都要得到基于反思的控制。学术表达如果不能做到克制与审慎,则严谨与严肃的品性将无从谈起,最终也将无益于我们对好的生活的想象、探求与建构。

不过，上述说法并不意味着自我免责，不意味着自己可以不再关注文章中可能有、必然有的不当表述——事实正好相反，因为“学术表达”的核心要义正是，作者要为自己的文字承担最后的责任。在这一点上，我热切地期待来自读者共同体的呼应与批评。

三

在多数文章的立意与撰写过程中，《上海书评》的编辑黄晓峰先生都提供了必不可少的心情鼓励与智力支持，在此我要表达对他的真挚感谢。《上海书评》宽容而务实的风格，让人时刻想到沪上文化的底色与底蕴，也正在为其赢得恰如其分的声誉，如今成绩斐然，已有目共睹。在此，我也向编辑部所有成员表达敬意与谢意。他们为这个世界提供了不可或缺的自我表达的机会。

另外，《时代阅读》的编辑吴慧女史给予了我同样的帮助与机会，在此也向她表达同样的谢意与敬意。

本书的出版得到了上海世界观察研究院的慷慨资助。上海世界观察研究院的学术活动与资助，是我自己与这个世界发生关联的另一个主要渠道。毋庸说，在参与这些学术活动中获得的认识，已然通过某种方式反映到了本书的诸多文章当中。因此，我必须向研究院方面、向共同参与研究事业的各位同仁谨致谢忱。

李永晶

2013 年 11 月 28 日